Jacqui Marson

Zu nett
für diese Welt?

Wer Nein sagen kann,
hat mehr vom Leben

Aus dem Englischen
von Christine Heinzius

GOLDMANN

Alle Ratschläge in diesem Buch wurden von der Autorin und vom Verlag sorgfältig erwogen und geprüft. Eine Garantie kann dennoch nicht übernommen werden. Eine Haftung der Autorin beziehungsweise des Verlags und seiner Beauftragten für Personen-, Sach- und Vermögensschäden ist daher ausgeschlossen.

 Dieses Buch ist auch als E-Book erhältlich

Verlagsgruppe Random House FSC® N001967
Das für dieses Buch verwendete FSC®-zertifizierte Papier *Classic 95*
liefert Stora Enso, Finnland.

3. Auflage
Deutsche Erstausgabe März 2014
Wilhelm Goldmann Verlag, München,
in der Verlagsgruppe Random House GmbH
© 2014 der deutschsprachigen Ausgabe
Wilhelm Goldmann Verlag, München,
in der Verlagsgruppe Random House GmbH
© 2013 Jacqui Marson
Originalverlag: Piatkus, an imprint of Little,
Brown Book Group, London
Originaltitel: The Curse of Lovely.
How to Break Free from the Demands of Others
Umschlaggestaltung: Uno Werbeagentur, München
Umschlagillustration: FinePic®, München
Satz: Buch-Werkstatt GmbH, Bad Aibling
Druck und Bindung: GGP Media GmbH, Pößneck
BK · Herstellung: IH
Printed in Germany
ISBN 978-3-442-17423-2

www.goldmann-verlag.de

Besuchen Sie den Goldmann Verlag im Netz

Inhalt

2. Kapitel:

3. Kapitel:

4. Kapitel:

5. Kapitel:

6. Kapitel:
Weil ich es wert bin – nett zu uns

7. Kapitel:
Polieren Sie Ihr Handwerkszeug 169

8. Kapitel:

9. Kapitel:

Fortgeschrittene Verhaltensexperimente:
Wagen Sie es, zu enttäuschen ....

10. Kapitel:

11. Kapitel:

Zur Erinnerung an meine liebe Cousine
Debbie Marson (1957–2009),
die mich ermutigt hat zu schreiben.

Einführung:

Was ist der Fluch des Nettseins?

Kurz nach meinem 45. Geburtstag geschah etwas, das mir klarmachte, dass ich schwer am Fluch des Nettseins litt und dass er mich zerbrechen würde, es sei denn, ich durchbrach ihn vorher ...

Mein Mann und ich waren pflichtbewusst zur Feier des 30. Geburtstags der Tochter meiner Cousine gegangen. Auch wenn in einem Pfarrheim gefeiert wurde, das zwei Autostunden von uns entfernt lag, war ich entschlossen, mich zu amüsieren, weil ich diese Verwandten sehr mochte und einen Tanz auf der Tenne, denn das sollte es werden, genoss. Gegen elf Uhr abends, praktisch nüchtern, galoppierte ich (das ist das Fachwort) begeistert zwischen zwei Reihen von Tänzern hindurch, am Ende der Reihe rutschte ich aus und fiel hin. Es gab ein ziemlich lautes Geräusch, als ich aufschlug, ich weiß nicht, wie ich es beschreiben soll, vielleicht ein Knall oder sogar ein Krachen, es war

13

jedenfalls laut genug, dass einige Tänzer erschrocken nach Luft schnappten und mehrere besorgt fragten, ob es mir gut ginge. Ich sprang natürlich vom harten Fußboden auf und flötete fröhlich: »Mir geht's gut, mir geht's gut. Macht weiter!«

Dann tanzte ich die nächsten drei Tänze, obwohl mir von dem Schock ein bisschen übel war, und fuhr nach Hause, *weil ich an der Reihe war*. Mein Arm pochte, und das Schalten tat jedes Mal weh, aber ich dachte, dass es am nächsten Morgen sicher besser wäre. Als ich aufwachte, war der Arm steif und schmerzte, aber es kam mir nicht ernsthaft in den Sinn, ihn untersuchen zu lassen. Ich wollte die Zeit der schwer arbeitenden Notfallmediziner nicht verschwenden, außerdem war ich so erzogen worden, dass man kein Aufhebens macht.

Da gerade Schulferien waren, verbrachte ich die nächsten zehn Tage damit, die Kinder zu irgendwelchen Aktivitäten zu fahren, dazu gehörte auch eine 320 Kilometer lange Fahrt zu einer Freundin in Somerset, wo wir auf einem See ruderten. Ich hatte ihr erzählt, dass ich blaue Flecken und Schmerzen in meinem Arm hatte, und sie drängte mich, nicht zu rudern, aber aus irgendeinem verrückten, »netten« Grund bestand ich darauf, dass es nur gerecht sei, wenn wir uns abwechselten. Dabei entstand ein Foto, das geradezu zu einem Sinnbild des schieren Wahnsinns meiner Überzeugungen und meines Verhaltens wurde. Die

Überschrift lautet: »Jacqui, die mit einem gebrochenen Arm rudert (und dabei auch noch lächelt).«

Als ich schließlich in die örtliche Notaufnahme ging, schimpften sie nicht mit mir, weil ich ihre Zeit verschwendete, sondern waren aufrichtig erstaunt, dass jemand die Signale des Körpers so lange ignorieren konnte. »Das ist vor zehn Tagen passiert?«, wiederholten sie immer wieder und schüttelten verdattert den Kopf. (Nur um das klarzustellen, es war keiner dieser offenen Brüche, bei denen der Knochen heraussteht – selbst ich bin nicht so schlimm. Ich hatte die Speiche am Ellbogengelenk gebrochen.) Ich bekam eine knallblaue Schlinge, sodass ich endlich die Erlaubnis hatte, diesen Arm nicht zu benutzen, da die Welt jetzt sehen konnte, dass ich offiziell verletzt war und mich nicht nur (verbotenerweise) anstellte oder simulierte. Ich konnte nun der offensichtlich unmöglichen Aufgabe, selbst klar und deutlich um das zu bitten, was ich brauchte, ausweichen. Stattdessen sagte meine wunderschöne Schlinge den Leuten: Diese Frau hat einen gebrochenen Arm – helfen Sie ihr!

Meine Stieftochter, eine Verbündete in der Familie und selbst mit dem Fluch des Nettseins vertraut, schickte mir eine SMS: »Komm von deinem Scheiterhaufen herunter, Johanna von Orleans.« Ich fand das lustig und sehr aufschlussreich. Im Grunde wurde mir bewusst: Sollte ich weiterhin so eine Märtyrerin sein und stets die Bedürfnisse anderer meinen eigenen vorziehen, dann würde mir etwas viel Schlimmeres als ein gebrochener Arm zustoßen.

An diesem Tag nahm ich Kontakt zu einer Therapeutin auf, mit der ich schon zehn Jahre lang hatte arbeiten wollen, und ging die ersten zaghaften Schritte, diesen Fluch aufzuheben (und pflanzte auch den Samen dieses Buchs). Ich habe aus meiner eigenen Entwicklung sehr viel gelernt, genau wie aus der Arbeit mit meinen Therapiepatienten in meiner Londoner Praxis, die mir großzügigerweise erlaubt haben, ihre Geschichten in diesem Buch mit Ihnen zu teilen. Ich empfinde es als eine Ehre, dass sie mich an ihrem Leben und ihren Kämpfen teilhaben ließen.

Für wen ist dieses Buch?

Die zwei Fragen, die man mir am häufigsten über das Brechen des Fluchs des Nettseins stellt, sind:

1. Wir wollen doch sicher nicht, dass die Menschen sich weniger nett verhalten?
2. Betrifft das Problem nur Frauen?

Zur ersten Frage: Dieses Buch richtet sich nicht an Menschen, die vielleicht daran arbeiten sollten, im

Alltag netter zu sein. Es richtet sich an Menschen, deren falsche Reaktion grundsätzlich die ist, nett zu sein (freundlich, mitfühlend, gefällig etc.), und zwar so sehr, dass es für sie zu einem Problem wird. Sollten Sie sich in Ihrem Leben an einem Punkt befinden, an dem Sie sich in der Falle fühlen, weil Sie über keine Alternativen dazu verfügen, »nett« zu denken, zu kommunizieren und sich zu verhalten, dann ist dieses Buch für Sie.

Zur zweiten Frage: Nein, das betrifft nicht nur Frauen. Sie kennen wahrscheinlich alle mindestens einen Mann, den andere als »nett« beschreiben, und ich nehme an, dass es sich für ihn genauso sehr wie eine Falle und ein Problem anfühlt wie für all die netten Frauen.

In meinen 15 Berufsjahren als beratende Psychologin habe ich gesehen, wie die Leben, Beziehungen, Karrieren und die Gesundheit von vielen Frauen *und* Männern verdorben wurden, weil sie glaubten, um gemocht, geliebt und akzeptiert zu werden, müssten sie ihr Verhalten auf das beschränken, von dem sie annahmen, dass andere es gutheißen. Dazu kann einiges oder alles Folgende gehören: immer höflich zu sein, nett, hilfsbereit, charmant, witzig, andere sich gut fühlen zu lassen, Leute nicht zu enttäuschen, niemals Nein zu sagen, Konflikte zu vermeiden und die Bedürfnisse anderer vor die eigenen zu stellen.

Ich habe es den Fluch des Nettseins genannt, da es tatsächlich paradox ist: Die meisten Menschen möchten als nett gesehen werden, aber für diese Personen fühlt es sich wie ein Fluch an, den eine böse Fee ihnen bei der Geburt auferlegt hat. Die Erwartungen anderer halten sie gefangen, ersticken und erdrücken sie, und sie haben das Gefühl, dass eine Veränderung unmöglich ist. Nette glauben, wenn sie ihre eigenen Bedürfnisse formulieren, werden sie abgelehnt und nicht geliebt, daher unterdrücken sie viele wichtige Fassetten ihrer selbst, darunter Gefühle wie Wut und Ärger, die dann innerlich weiterkochen. Niemandem fällt dies auf, da sie immer freundlich und lächelnd auftreten. Dann explodiert die nette Person eines Tages, und alle sind geschockt. Die nette Person hat nun das Gefühl, abgelehnt zu werden, wodurch sich ihr eigener, nicht hilfreicher Glaube verstärkt, dass sie ihren Ärger anderen nicht zumuten kann. Und so schließt sich der Teufelskreis (oder Fluch).

Dieses Buch schlägt Wege vor, wie Sie sanft den Fluch des Nettseins durchbrechen, sich von den erdrückenden Erwartungen anderer freimachen und ein kompletteres und erfüllenderes Leben führen können.

Wie Sie dieses Buch benutzen sollten

Ich finde, es ist immer am besten, mit ganz kleinen Schritten zu beginnen, da Erfolg eine wunderbar stärkende Erfahrung ist und uns ermutigt, mehr zu versuchen. Aber nutzen Sie das Buch ruhig so, wie es Ihnen passt. Jemand meinte lachend zu mir, dass sie als Perfektionistin sofort zum neunten Kapitel vorblättere, um die fortgeschrittenen Verhaltensexperimente auszutesten. Das ist natürlich großartig, wenn es das ist, was Sie tun wollen. Es gibt keine Regeln. Aber ich würde vorschlagen, das ganze Buch zu lesen und darauf zu achten, was Sie anspricht. Wenn jeder dabei einen neuen Gedanken hätte oder eine neue Sache ausprobierte, wäre ich begeistert, weil ich selbst so am meisten von meinen Lieblingsratgebern profitiert habe. Ich greife immer mal wieder auf sie zurück, und normalerweise gewinne ich jedes Mal einen neuen Einblick, eine neue Idee oder einen neuen Tipp. Es kann auch hilfreich sein, Notizhefte zu benutzen, um nützliche Ideen, Gedanken oder Einsichten, die einem beim Lesen kommen, zu notieren. Aber falls Sie diese Idee schrecklich finden, dann lassen Sie es!

Es kann auch sein, dass Sie beim Durcharbeiten dieses Buchs einige der angesprochenen Dinge mit einem vertrauten Freund oder Verwandten besprechen wollen oder daran denken, einen Therapeuten zu kontaktieren, um die Arbeit zu vertiefen.

Viel Glück – und denken Sie daran: Das hier ist kein olympischer Eiskunstlaufwettbewerb, und niemand bewertet Ihre Leistung. Gehen Sie mit mitfühlender Neugier an diese Erfahrung, und ich hoffe, dass Sie auf dem Weg sogar ein bisschen Vergnügen und Spaß haben werden.

1. Kapitel:

Ein Tag im Leben
eines verflucht Netten

Schauen wir uns einen hypothetischen Tag im Leben eines verflucht Netten an, das sollte Ihnen helfen zu erkennen, ob Sie sich damit identifizieren können.

Die nette Person wacht auf, und in einer perfekten Welt würde sie gern einen Tee kochen, Radio hören, duschen, sich anziehen, frühstücken und dann zur Arbeit fahren oder mit dem Tag beginnen. In einer vollkommenen Phantasiewelt träumt sie vielleicht davon, sich bei einem oder allen diesen Dingen Zeit zu lassen: Vielleicht langsam eine gute Kanne ihres Lieblingstees zu kochen, sich in einem duftenden Schaumbad zu entspannen, sorgfältig die Kleider auszusuchen, von denen sie weiß, dass sie sich darin glücklich und selbstbewusst fühlt, die passenden Schuhe auszuwählen, die außerdem noch bequem sind ... Keine kleine (oder nicht so kleine) Person ruft: »Wo ist mein blauer Pulli?«, während jemand anderes wissen will, warum im Kühlschrank keine Milch steht; eine Tante gerade angerufen hat mit der Bitte, ihre Oma zu besuchen, »sie ist ganz allein, die Arme«; und eine Freundin eine SMS geschickt hat, dass sie dringend mit jemandem sprechen muss, da ihr Freund sie seit 24 Stunden nicht zurückgerufen hat.

Nur wenige Minuten nach dem Aufwachen ist nicht nur jegliches Element der Phantasieversion lachhaft, sondern die nette Person übergeht bereits ihre eigenen Grundbedürfnisse, um sich um diejenigen anderer Menschen zu kümmern. An einem beliebigen Morgen verlässt sie oft genug das Haus, ohne gefrühstückt zu haben, in den Schuhen, die am großen Zeh zwicken, und mit trockenem Shampoo im Haar, hungrig, hektisch und etwas durcheinander, aber mit dem beruhigenden Gedanken, sich um alle anderen gekümmert und sie glücklich gemacht zu haben. Die mögliche schlechte Laune der anderen ist abgewendet, und es gab keine Schreierei oder bockige Gesichter im Haus. Und auf einer tieferen (und wahrscheinlich unbewussten) emotionalen Ebene fühlt sie sich sicher, dass sie geliebt wird, weil sie sich um alle anderen gekümmert hat. Oder vielleicht auch sicher, dass sie keinen Ärger bekommt, weil sie niemanden enttäuscht hat.

Eine Veränderung ist möglich

Wir sind natürlich nicht alle auf dieselbe Weise nett. Es gibt viele unterschiedliche Arten für unterschiedliche Typen des Nettseins in unterschiedlichen Situationen, aber sie alle gleichen sich darin, dass wir uns oft von den Erwartungen anderer vollkommen überrumpelt fühlen und überhaupt keine Ahnung haben, wie wir uns anders verhalten könnten. Tatsächlich jagt schon der schlichte Gedanke daran meistens Angst ein, also zum Beispiel eine Bitte abzuschlagen. Wir erschaffen Erwartungen, und dann fühlen wir uns irgendwann von ihnen gefangen. Die Eigenschaften, die diese Erwartungen geweckt haben, sind meist genau das Gegenteil von denen, die wir für die Veränderung brauchen.

Indira, die Sie im sechsten Kapitel wiedertreffen werden, beschrieb, dass ihre Familie sie als rund um die Uhr verfügbare Dienstleisterin sah, von der erwartet wurde, dass sie alles stehen und liegen ließ, um etwa den Klempner in ihre Mietshäuser zu lassen, ihre Zahnarzttermine abzumachen und Verwandten aus dem Heimatland Kost, Logis und eine erfolgreiche Fassade zu bieten. Als einzige unverheiratete Tochter sah sie voller Panik eine Zukunft als Pflegerin von einem oder beiden kranken Elternteilen vorher, während sie sich gleichzeitig als »schlechte, undankbare«

Tochter fühlte, weil sie solche Gedanken hatte, und verzweifelte, weil ihr weder Zeit noch Energie blieb, um Männer kennenzulernen, die sie vor dem Schicksal der unverheirateten Tochter retten würden.

Wie Sie auch bei den Geschichten anderer Patienten in diesem Buch sehen werden, gibt es keine einfachen, schlagartigen Antworten. Unsere Denkmuster, Gefühle und Verhaltensweisen sind üblicherweise die meiste Zeit unseres Lebens präsent und haben uns oft gut gedient, bis zu dem Punkt, an dem sie es nicht mehr tun, dem Punkt, an dem sie sich sozusagen von Freunden in Feinde verwandeln.

Veränderung lässt sich durch kleine, überschaubare Schritte, immer nur wenige auf einmal, erreichen, die ausgesucht wurden im Bewusstsein, dass wir etwas Mutiges und Beängstigendes für uns versuchen. Indira experimentierte mit dem Leitbild, dass sie kein rund um die Uhr geöffneter Laden mehr ist, sondern zu bestimmten Zeiten auch schließen kann, eher wie eine Tankstelle, die um 23 Uhr zumacht (auch wenn die anderen die ganze Nacht aufhaben). Das scheinen immer noch lange Öffnungszeiten zu sein, aber sofort zu versuchen, strikte Bürozeiten von 9 bis 17 Uhr einzuhalten, wäre sowohl für Indira wie auch für ihre Freunde und Familie eine zu große Veränderung gewesen.

Wie die Familientherapeutin und Autorin Harriet Lerner sagt: Wenn Sie versuchen, zu viel zu schnell zu verändern, werden die Menschen in Ihrem Leben durch ihr Verhalten »Werde wieder, wie du warst!« signalisieren, und das wird zu einer Niederlage führen.

Wie der Fluch des Nettseins funktioniert

Kehren wir zu der Geschichte des gebrochenen Arms zurück, um nachzusehen, wie der Fluch überhaupt funktioniert, wie er oft beginnt und wie er über ein ganzes Leben bestehen bleibt.

Prinzipiell verfügen wir alle über mehrere Schichten von Regeln, an die wir uns halten, man kann sie »Persönliche Regeln« oder »Lebensregeln« nennen. Unterschiedliche Regeln werden von verschiedenen sozialen Instanzen in unserem Leben gelehrt und verstärkt, von Eltern und Verwandten bis zu Lehrern, Erziehern, später dann Arbeitgebern und staatlichen Stellen wie der Polizei und der Regierung. Manche sind eindeutig im Gesetz formuliert, und wenn man sie bricht, droht eine Strafe. Und manche, wie »Man spielt nicht mit Streichhölzern« oder »Schau rechts und links, bevor du die Straße überquerst«, werden uns schon früh beigebracht, um uns vor Gefahren zu schützen. Aber die schwierigeren sitzen oft in unserem Unterbewussten. Sie wurden dort von Eltern oder Erziehern in einem sehr jungen Alter platziert und können eine riesige Macht entfalten, und doch bringen wir sie nur sehr selten ans Tageslicht (das heißt unser aktuelles Erwachsenenleben), um nachzusehen, ob wir immer noch freiwillig nach ihnen leben, kurz, ob sie uns immer noch *nutzen,* so wie wir jetzt sind und wie wir unser Leben leben wollen. Wenn wir sie uns anschauten, könnten wir feststellen, dass einige (oder viele) sich in einem zweigeteilten Alles-oder-nichts-Modus befinden, sie haben jegliche Flexibilität verloren und sind zu dem geworden, was der Gründer der Kognitiven Verhaltenstherapie Aaron Beck »strikte persönliche Regeln« nennt. Man kann strikte persönliche Regeln daran erkennen, dass man Wörter wie »sollte«, »muss«, »immer«, »nie« verwendet (im fünften Kapitel wird das genauer betrachtet).

Bei der Geschichte mit dem gebrochenen Arm war meine Regel, »kein Aufhebens zu machen«, eine strikte persönliche Regel. Sie war so mächtig (obwohl halb in meinem Unterbewusstsein versteckt), dass ich die heftigen Schmerzsignale meines Körpers übergehen konnte und die Energie aufbrachte, die anderen zu beruhigen (»Mir geht's gut! Mir geht's gut!«), ein Lächeln aufzusetzen, weiterzutanzen und zehn Tage lang nicht zum Arzt, aber rudern zu gehen.

Diese Regel stammt zweifellos aus meiner Kindheit, wenn ein Kind sich wehtut und zu weinen beginnt, sagt die Mutter vielleicht: »Ach, mach nicht so ein Theater« (Ablehnung), oder umgekehrt, wenn das Kind groß genug ist, es aushalten zu können, wird es gelobt, weil es so »tapfer« ist (Anerkennung). Wie Pawlows Hunde, die darauf »konditioniert« wurden, dass ihnen das Wasser im Mund zusammenläuft, wenn sie eine Glocke fürs Fressen hören, selbst wenn gar kein Futter auftaucht, so können Kleinkinder relativ einfach auf Verhalten konditioniert werden, das belohnt wird (durch Lob, Anerkennung oder Goldsterne), und das Verhalten einstellen, das kritisiert, abgelehnt oder bestraft wird. In den letzten zehn Jahren hat die wissenschaftliche Forschung, verbreitet durch Massenmedien – egal ob die Supernanny im Fernsehen oder die vielen Erziehungsratgeberbücher –, die Eltern, Lehrer und Erzieher dazu angehalten, erwünschtes Verhalten zu belohnen und unerwünschtes zu ignorieren. Aber zu meiner Zeit – und in vielen Kulturen auch heute noch – wurden Kinder für sogenannte unerwünschte Eigenschaften oder Verhaltensweisen oft lächerlich gemacht, beschämt, erniedrigt oder bestraft.

Die Regeln brechen

Ich beschuldige weder meine eigenen noch irgendwelche anderen Eltern. Sie haben getan, was sie für das Beste hielten, und meist ist das eine Variante der

Erziehung ihrer Eltern, sie geben die Regeln, die sie gelernt haben, weiter, bewusst oder unbewusst. Bestimmte Verhaltensweisen und Charakterzüge werden in unterschiedlichen Familiensystemen bevorzugt, das heißt, dass manche Eigenschaften und Verhaltensweisen teilweise seit Generationen als besser als andere angesehen werden.

Ich denke, für meine Familie kann man sagen, dass »Härte« bevorzugt wird. Ausgehend von dieser Verhaltenshierarchie könnte man sagen, dass eine meiner Sternstunden als pferdeverrücktes Kind die war, als ich mit sechs Jahren von einem lebhaften Pony auf einem großen Stoppelfeld abgeworfen wurde. Ein Fuß blieb im Steigbügel hängen, und ich wurde für mindestens zehn Minuten über das Stoppelfeld gezogen, mein Rücken war von den Strohhalmen verkratzt und blutend. Ich erinnere mich nicht mehr, ob ich geweint habe, ich bin mir sicher, dass ich es getan haben muss, aber woran wir uns alle erinnern, ist, dass ich mich wieder auf das Pferd gesetzt habe und weitergeritten bin, obwohl ich große Angst gehabt haben muss. Die Geschichte wird mit schweigender Anerkennung wie eine Art »Heldengeschichte« von meiner Familie erzählt, es ist also nur allzu verständlich, dass ich es als etwas Positives über mich verinnerlicht habe, als etwas, das ich weiterentwickeln sollte (und dabei gleichzeitig versuchen sollte, das »schwache«, kleine

Mädchen, das in solchen Momenten weinen könnte, zu unterdrücken).

An diesem Punkt ist es wichtig, dass wir sowohl darauf blicken, was uns diese verinnerlichten Regeln kosten, als auch, was sie uns bringen. Ich kann also einerseits sagen: »Seht nur, wie diesem armen, kleinen Mädchen beigebracht wurde, ihren körperlichen Schmerz zu ignorieren und um jeden Preis tapfer zu sein«, aber andererseits muss ich zugeben, dass ein Großteil meiner früheren Karriere als Kriegsreporterin wahrscheinlich auf diesem Training basiert. Ich kam mit extremer Wüstenhitze oder frostigen, arktischen Temperaturen klar, konnte ohne Essen und Trinken auskommen, schwere Ausrüstung schleppen, Kugeln ausweichen – und ich glaube, ich habe mich dabei nie beschwert. Meistens lächelte ich, war »munter« und kümmerte mich um alle um mich herum, riss Witze und ließ sie sich gut fühlen. Wenn wir nett, freundlich und freigiebig sind und uns alle zu lieben scheinen, dann ist es wichtig zu erkennen, dass wir das unserem Verhalten verdanken. Aber wenn der Preis zu hoch wird, in Form unserer Erschöpfung, unseres Ärgers, unterdrückter Wut oder Selbstvernachlässigung, müssen wir bereit sein, die alte Sicherheit dieser Gewinne loszulassen.

Das ist natürlich leichter gesagt als getan. Wir müssen Vertrauen in neue Verhaltensweisen aufbauen, bevor wir überhaupt nur daran *denken* können, einige der alten, sicheren Verhaltensweisen aufzugeben – selbst nachdem uns deren Preis bewusst geworden ist.

Elternschaft scheint jegliche Tendenz in uns in Richtung eines Nettseins, das für uns selbst problematisch ist, zu verstärken. Qualitäten, die irgendwann das Gefühl untermauern können, verflucht zu sein – wie Liebenswürdigkeit, selbstloses Geben, Pflegen und die Bedürfnisse anderer vor unsere eigenen zu stellen –, werden in unserer aktuellen Idealisierung der perfekten Eltern (besonders Mütter) überhöht. Viele Frauen empfinden ihr Nettsein nicht als Fluch, bis sie bereits seit Jahren Mütter sind und bemerken, dass das, was sie früher freiwillig und liebevoll gaben, jetzt von anderen als selbstverständlich erwartet wird.

Susies netter Tag

Susie hat vier Kinder zwischen fünf und 13. Als sie acht Jahre alt war, starb ihr Vater, und ihre Mutter hat sechs Kinder allein großgezogen und Tag und Nacht in drei Jobs gearbeitet, um über die Runden zu kommen. Also gab es nur wenig mütterliche Aufmerksamkeit, und die Kinder mussten schon früh alleine klarkommen. Auch wenn Susie ihre Mutter für deren harte

Arbeit, Entschlossenheit und Opferbereitschaft sehr bewundert, möchte sie ihren eigenen Kindern all die Aufmerksamkeit und liebende Unterstützung geben, die sie vermisst hat, und hat sich daher entschlossen, Hausfrau und Mutter zu sein. Das ist natürlich eine Aufgabe, die ihre eigene harte Arbeit, Entschlossenheit und Opferbereitschaft verlangt, auch wenn das nur selten anerkannt wird. Hier ein Tag in Susies Leben. Er ist extrem, aber auf vielerlei Weise typisch.

Susie ist gegen sechs Uhr aufgestanden, um mit dem Hund Gassi zu gehen, Frühstück zu machen und Pausenbrote vorzubereiten, dann bringt sie die Kinder zur Schule und eilt zu einem Treffen des Elternbeirats. Als sie das Treffen verlässt, klingelt ihr Telefon. Es ist ein Immobilienmakler, der sie daran erinnert, dass in drei Tagen neue Mieter in die Wohnung ihrer Mutter ziehen, und der wissen will, ob sie es geschafft habe, neue Schränke für sie zu kaufen. Sie fühlt sich schuldig und ertappt und packt ihren Mantel und die Schlüssel, um sofort zu Ikea zu fahren, wo sie schwere, flache Schrankpakete auf ihren Einkaufswagen wuchtet und sich in die lange, langsame Schlange an der Kasse stellt. Während sie ansteht und sich fragt, wie sie die schweren Pakete ins Auto laden soll und wann sie bloß die Zeit finden soll, sie zusammenzubauen, klingelt ihr Telefon schon wieder. Dieses Mal sind es zwei gute alte Freundinnen, mit denen sie zum Mittagessen verabredet ist. Der Termin war vor Monaten ausgemacht worden, da die Freundinnen nicht in der Stadt wohnen, und es war der einzige, der allen dreien in den vollen Terminkalender passte. »Ich hatte es nicht vergessen, weil ich erst gestern in meinen Kalender gesehen und gedacht hatte, wie sehr ich mich doch darauf freute, sie wiederzusehen. Aber der Anruf des Maklers hatte mich in Panik versetzt und alles andere überstrahlt«, erzählte sie mir später während der Therapiestunde.

Das Gefühl der Panik wird im Lauf des Tages immer stärker, während Susie versucht, alles zu erledigen und allen zu gefallen. Sie hetzt schließlich eine Stunde zu spät zum Mittagessen, versucht, in einer zu kleinen Parklücke zu parken, wobei sie ein geparktes Taxi anfährt. Dieser schreckliche, viel zu voll gepackte Tag geht hektisch weiter, die Kinder abholen, die Kinder abliefern, Tee kochen und Hausaufgaben überwachen, bis Susie schließlich zitternd und erbrechend ins Bett muss. Ihr wird bewusst, dass das wahrscheinlich an verspätetem Schock und Erschöpfung liegt. »Es war meine eigene Schuld«, sagte sie. Dann lächelte sie kläglich und fügte hinzu: »Ich hätte Nein sagen sollen.«

»Was meinen Sie: Welche strikten persönlichen Regeln liegen hinter Ihren Entscheidungen?«, fragte ich sie mitfühlend, denn so viele Frauen, die ich kenne, hätten genau dasselbe getan, und wenn wir uns hart beurteilen, dann ist es bloß eine weitere Variante, uns zu entmachten und zu bestrafen.

Susie erkannte, dass ihre wichtigste Regel lautete: »Ich muss immer das tun, was Autoritätspersonen mir sagen.« Ihr war bewusst, dass das aus ihrer Kindheit stammte, in der ihr Zuhause von ihrer überforderten Mutter wie eine Kaserne geführt wurde, und wehe demjenigen, der die Autorität infrage stellte. Sie hob eine weitere klassische nette Regel hervor: »Ich muss immer anderen helfen, darf aber nicht um Hilfe bitten.« Was ich mir und meinen Patienten oft sage, ist: Stellen Sie sich jemanden, den Sie mögen und bewundern, vor, und fragen Sie sich, was derjenige in dieser Situation tun würde. Susie hat eine australische Freundin, Kat, die sehr direkt und selbstbewusst ist. »Was hätte Kat getan?«, fragte ich sie. Sie lachte. »Sie hätte dem Immobilienmakler gesagt, er solle sie nicht nerven, dass sie es regelt, wann es ihr passt, und dann wäre sie zum Mittagessen gegangen und hätte es genossen. Und sie hätte wahrscheinlich jemanden gebeten, die Kinder mitzunehmen, sodass sie es länger hätte genießen können, ohne gehetzt zu sein. Sie hätte vielleicht sogar ein Glas Wein getrunken!«

Wie lernen wir also, Nein zu sagen?

Für Indira und Susie, die sich von den Bedürfnissen und Erwartungen anderer erdrückt fühlen, scheint es das Einfachste zu sein zu lernen, öfter Nein zu sagen. Das raten uns sowohl Freunde wie auch Kritiker. Doch wir kennen diesen Rat nur zu gut, sodass wir ihn verinnerlicht haben, und zwar als etwas, das ich ein »selbsterniedrigendes *Sollte*« nenne (im fünften Kapitel mehr dazu). Achten Sie nur darauf, wie Susie kläglich gelächelt und gesagt hat: »Ich hätte Nein sagen sollen.« »Was meinen Sie?«, fragte ich sie in einer Therapiesitzung. »Was bedeutet Ihr Gesichtsausdruck?«

Susie konnte kaum sprechen. Schließlich sagte sie sehr kleinlaut: »Ich glaube, dass ich mich schäme, weil ich es nicht schaffe, für mich selbst einzustehen. Ich mache eine lustige Geschichte daraus, aber eigentlich denke ich, warum *kann* ich nicht Nein sagen? Ich bin eine intelligente Frau. Ich habe sogar mal ein Selbstbehauptungstraining gemacht, ich kenne die Theorie also. Ich habe die Fähigkeiten sogar bei Rollenspielen eingesetzt ... Ich *sollte* es eigentlich können. Aber ich kann es nicht. Und deswegen fühle ich mich wie eine totale Versagerin ...« Sie schwieg und sah jämmerlich zu Boden.

Wir werden später noch mehr über Susies Fortschritte hören. Aber jetzt hilft uns dieses Beispiel zu illustrieren, warum das Erlernen neuer Fähigkeiten allein für die meisten Leser, die dem Fluch des Nettseins unterliegen, wahrscheinlich nicht genügt. Es ist wichtig, dass wir auch die Gefühle und Gedanken betrachten, die mit unserem Verhalten verwoben sind. Eine einfache Art, das zu begreifen, ist, sich das unten stehende Diagramm anzusehen, das zeigt, dass unsere Gedanken, Gefühle und unser Verhalten miteinander verbunden sind. Das eine beeinflusst das andere, und daher können wir theoretisch unsere *Verhaltensmuster* ändern, indem wir eine beliebige Seite dieses Dreiecks ändern.

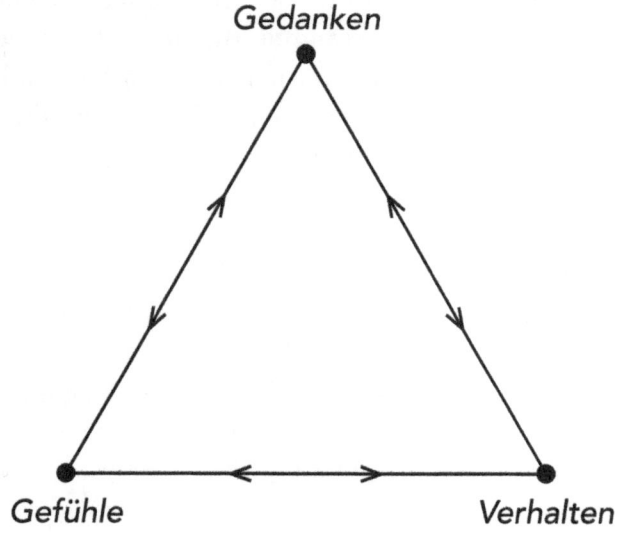

Über die Jahre habe ich gelernt, dass es keine Regel dafür gibt, welche Seite man mit Patienten, die sich in Verhaltensmustern gefangen fühlen, am *besten* als Erstes angeht. Therapie, wie ich sie praktiziere, ist ein kollaborativer Prozess, bei dem der Patient der Experte für das eigene Leben ist und der Therapeut Wissen, Erfahrung und eine andere Perspektive einbringt. Manche Menschen wollen sofort aufs Ganze gehen und etwas anders *machen,* während andere es vorziehen, sich erst ihre Vergangenheit anzusehen, um zu erkunden, was diese bestimmten Verhaltensweisen geformt hat. Meistens ist es für niemanden ein direkter, linearer Prozess, und Patienten werden auf ihrer Reise zu Einsichten, Verständnis und Veränderung vor- und zurückgehen, das Verständnis für althergebrachtes Denken und dessen Infragestellen fließen ineinander, während man neue Fähigkeiten und neue Verhaltensweisen erlernt und erprobt.

Zusammenfassung

In diesem Kapitel wurde die Idee eingeführt, dass man sich von den Erwartungen anderer Menschen, immer nett zu sein, nicht gefangen fühlen muss. Man kann sich aus diesem Muster lösen:

- Konzentrieren Sie sich auf kleine, machbare Veränderungen.
- Denken Sie daran, dass Ihre Gedanken, Gefühle und Ihr Verhalten miteinander verbunden sind – siehe Diagramm auf Seite 35.
- Seien Sie mitfühlend mit sich selbst auf dieser Reise zur Veränderung, und lassen Sie Schritte zurück genauso zu wie solche vorwärts.

2. Kapitel:

Wie alles beginnt – das nette Kind

Egal, was Ihre vernarrte Oma Ihnen erzählen mag, niemand wird nett geboren. Sie haben vielleicht schon früh gelächelt, waren ein ruhiges, zufriedenes Baby oder hatten große, braune Augen, lange, dunkle Wimpern und einen dicken Haarschopf, sodass die Leute Sie in Ihrem Kinderwagen bewunderten. Aber bei dem Nettsein, über das wir hier sprechen, geht es nicht um die körperlichen Eigenschaften, die Sie durch Ihre DNS erhalten haben. Der Fluch des Nettseins ist eine Sammlung von Überzeugungen und Verhaltensweisen, die für Sie zu einem Problem geworden sind und die Sie gern ändern möchten. Die gute Nachricht ist, dass Überzeugungen und Verhaltensweisen *erlernt* sind. Und weil sie erlernt sind, können sie auch wieder verlernt werden oder genauer *neu* erlernt, und zwar so, dass sie nützlicher sind und Ihrer Gesundheit, Ihrer Zufriedenheit und Ihrem Wohlbefinden weniger abverlangen.

Die komplexe Welt des Kindes

Die meisten unserer tief verwurzelten Überzeugungen darüber, wer wir sind und wie wir uns verhalten sollten, stammen aus der Kindheit, oft aus einer Zeit, bevor unsere Fähigkeit zu rationalem Denken sich entwickelt hat, sodass wir dazu neigten, alles zu glauben, was man uns sagte oder was wir erlebten.

Als ich gestern Abend mit dem Bus nach Hause fuhr, beobachtete ich fasziniert zwei unterschiedliche Kleinkinder in ihren Buggys. Das eine war ein kleines Mädchen von ungefähr 18 Monaten. Sie war sehr neugierig und an allem um sich herum interessiert, ganz besonders an den pinkfarbenen Schnürsenkeln ihrer süßen, kleinen Turnschuhe. Sie war von ihnen fasziniert, berührte die Schleife und die harten Enden, erforschte die unterschiedlichen Formen und Texturen, lernte experimentell etwas über ihre Welt – machte also genau ihren Kleinkindjob, wie der wunderbar einfühlsame Dr. Christopher Green sagen würde. Ihre Mutter (oder vielleicht war es auch ihr Kindermädchen) war ganz bezaubert von ihr, sie lächelte ihr ständig zu und machte kleine, ermunternde Geräusche. Dann schaffte es das kleine Mädchen, zuerst den einen Schnürsenkel zu lösen, dann den anderen. Der nächste Schritt: Einen Schuh auszuziehen! Ein Ausdruck völliger Verblüffung und Begeisterung erhellte ihr Gesicht, als sie ihre

Trophäe in ihre kleine, dicke Hand nahm. Man sah ihrem Gesichtsausdruck an, dass sie nicht frech war, sondern sie erforschte ihre Welt, und die Mutter/das Kindermädchen nahm es genau so an und sagte in einem warmen, ruhigen Tonfall etwas wie: »Cleveres Mädchen! Aber jetzt ziehen wir den Schuh wieder an, denn wir müssen gleich aussteigen.« Sie zog ihr den Schuh an und schnürte ihn zu, ganz ohne Ärger oder Stress in ihren Bewegungen. »Ach ja«, höre ich die gestressten Eltern unter Ihnen sagen, »das war eindeutig das Kindermädchen! Wahrscheinlich freute sie sich schon auf ihren Feierabend um sechs und auf eine ruhige Nacht mit ihrem Freund.« Und das sind berechtigte Gedanken, die ich gleich kommentieren werde.

Nachdem sie ausgestiegen waren, stieg eine andere Frau mit Kleinkind ein. Diese Mutter oder das Kindermädchen hatte einen leeren, genervten Gesichtsausdruck. Das Kind war ein Junge und ein wenig älter, vielleicht zwei oder zweieinhalb, er konnte also mehr sprechen und war etwas lebhafter. Die Mutter fütterte ihn mit irgendeinem Snack, Stück für Stück aus einem Paket, aber dabei sah sie ihn kaum an. Dann nahm sie eine Trinkflasche aus der Tasche und versuchte, sie ihm in den Mund zu schieben, aber er wehrte sich mit seinen kleinen Kinderhändchen dagegen und rief: »Nein.« (Das Lieblingswort eines Zweijährigen.) Das frustrierte sie offensichtlich, und schon bald waren sie in einen Machtkampf verwickelt, die Mutter/das Kindermädchen machte ein genervtes Gesicht und laute, mürrische Geräusche. Schließlich (bevor ich aus dem Bus ausstieg) hörte ich, wie sie ihn laut flüsternd durch zusammengebissene Zähne anzischte: »Du bist so dumm! Später wirst du Durst bekommen, und das ist dann deine Schuld.«

Wenn das, was ich beobachtet habe, typisch für die alltäglichen Erfahrungen dieser beiden Kinder ist (und natürlich kann es sein, dass es das nicht ist, schließlich habe ich nur einen Augenblick gesehen), was denken Sie, wie werden sie dann groß werden? Was, denken Sie, werden sie über sich denken und fühlen? Einem wurde gesagt, er sei dumm, der anderen, sie sei clever. Und in diesem Alter sind die tatsächlich ausgesprochenen Worte der unwichtigste Teil der Kommunikation zwischen Erwachsenem und Kind. So viel überträgt sich über den Tonfall und die Körpersprache. Das Lächeln und der warme Tonfall sagen: »Du bist wunderbar! Ich bin begeistert von dir!« Der gestresste Ärger sagt: »Du bist eine Nervensäge! Du machst mich wütend!«

Eltern, die gut genug sind

Bitte glauben Sie nicht, dass ich jetzt jemanden verurteile und unrealistisch bin. Ich weiß, dass es unmöglich ist, immer oder meistens wie die Mutter/das Kindermädchen in der ersten Geschichte zu sein. Ich habe selbst zwei Kinder, eine Stieftochter und zwei Stiefenkel. Ich denke, dass es der härteste Job der ganzen Welt ist und der, der in unserer heutigen Gesellschaft vielleicht am wenigsten geschätzt wird. Ich hatte einige schreckliche Tage, als meine Jungs klein waren, als ich mich sehr einsam, nicht geschätzt und allein gelassen fühlte, weswegen ich bei Weitem nicht warm und liebevoll genug zu ihnen war. Ich erinnere mich, dass ich in genau demselben Bus Nummer 46 geweint habe, als eine ältere Frau mich beschimpfte, weil ich auf einem Behindertensitz saß, mit einem Kleinkind zu meinen Füßen und einem Baby auf dem Arm. »Sie sind nicht behindert«, keifte sie, »Sie sind jung und fit.« Und während ich mich aufkämpfte, um ihr den Sitz zu überlassen (der Fluch des Nettseins, natürlich tat ich das, *und* ich entschuldigte mich), brach ich in Tränen aus und murmelte: »Was ist mit Müttern?« Ich stolperte aus dem Bus, zwei Haltestellen zu früh, dabei fühlte ich mich völlig erniedrigt, da all die anderen Passagiere zugesehen hatten (aber niemand mir geholfen hatte). Ich glaube, ich habe dann mein Kleinkind wegen gar nichts angemotzt, weil ich wütend war und mich schämte. Ich weiß also, wie schwer es ist, die perfekte Mama zu sein. Und ich weiß auch, dass es viel besser ist zu versuchen, »gut genug« und menschlich zu sein, sich dabei aber bewusst zu sein, wie sich unsere Handlungen auf unsere Kinder auswirken – denn das tun sie.

Liebe mit Bedingungen: Ich bin mit meinem Verhalten identisch

Forschungen seit den 1950er-Jahren von Pionieren wie John Bowlby und D. W. Winnicott zur Entwicklung von Kleinkindern haben durchgehend eine enge Verbindung zwischen unserer Behandlung als Kleinkind und unserem Selbstwertgefühl gezeigt. Kurz gesagt, wenn wir so behandelt werden, als seien wir liebenswert, wertvoll und interessant, dann wachsen wir wahrscheinlich auch in dem überwiegenden Gefühl auf, dass wir liebenswert, wertvoll und interessant sind. Unsere innerste Einstellung zu uns selbst ist größtenteils positiv.

Liebe kann bedingungslos sein oder an Bedingungen geknüpft. »Bedingungslose Liebe« bedeutet, dass sie nicht an Voraussetzungen geknüpft ist, dass man schlicht und einfach geliebt wird, wie man ist, wohingegen »Liebe mit Bedingungen« bedeutet, dass es Voraussetzungen gibt: Ich liebe dich, wenn du x, y oder z *machst* oder wenn du a, b oder c *nicht* machst.

Für Kinder ist es sehr schwierig zu unterscheiden zwischen dem, was sie sind, und dem, was sie tun. Wenn ein kleines Mädchen immer wieder hört, dass sie ein »böses Mädchen« ist, weil sie ihrem Bruder den Spielzeuglaster klaut, die Katze am Schwanz zieht oder der Oma die Zunge rausstreckt, dann wird sie irgendwann glauben, sie sei wirklich ein böses Mädchen. Wenn sie nur Liebe und Zuneigung oder Lob und Aufmerksamkeit bekommt, wenn sie sich auf eine bestimmte Art verhält oder bestimmte Dinge tut, dann wird sie in dem Glauben aufwachsen, dass sie nur dann etwas wert ist, wenn sie so ist oder diese Dinge tut. Der Psychologe Carl Rogers nennt das die Entwicklung von »Bewertungsbedingungen«. Hilfreicher wäre es jedoch, dem Kind zu sagen, dass es geliebt und geschätzt wird, nicht aber dieses *Verhalten*, und dass es dieses in Zukunft bitte unterlassen soll. Diese Art der Erziehung (und des Unterrichts) unterscheidet zwischen Verhalten – was wir *tun* –, das erlernt und verlernt werden kann, und dem, was wir *sind*, was viel weniger zu verändern ist.

Die meisten Menschen, die unter dem Fluch des Nettseins leiden, werden als Kinder einige oder viele hinderliche »Bewertungsbedingungen« entwickelt haben.

Monika: Die 1000-Watt-Glühbirne

Die 39-jährige Monika kam zu mir, weil sie sich isoliert und ängstlich fühlte. Sie hatte das Gefühl, dass sie keine Freundschaften schließen könne wie andere Menschen, und obwohl sie sich in einer guten Beziehung befand, begannen ihre sozialen Ängste Spannungen zwischen ihr und ihrem Partner zu erzeugen, besonders wenn sie keine Zeit mit seinen Freunden und seiner Familie verbringen wollte.

Auf den ersten Blick schien Monika kein übliches Opfer des Fluchs des Nettseins zu sein, aber als sie mir mehr und mehr erzählte, wurde deutlich, dass der Hauptgrund, warum sie keine Freundschaften erhalten konnte, der war, dass sie so viel von sich gab, dass es anstrengend und nicht auszuhalten war. Das war eine so alte, tief verwurzelte Gewohnheit, dass Monika sich gar nicht vorstellen konnte, sich anders zu verhalten. »Ich kann nicht mit jemandem zusammen sein, ohne zu geben«, erklärte sie. »Ich kann nur eine 1000-Watt-Glühbirne sein, die alles erleuchtet und die Stimmung hebt. Ich habe keine Abstufungen, ich muss alles geben oder aber der Situation aus dem Weg gehen.«

Wie so viele Nette sah Monika ihre eigene Energie nicht als wertvolle Ressource an, bei der sie entscheiden konnte, wann und wem sie sie gab. Sie funktionierte nach einer unbewussten strikten persönlichen Regel, die ihr sagte: »Wenn du mit *irgendeiner* anderen Person zusammen bist, dann *musst* du ihr deine volle Aufmerksamkeit und Energie schenken.« Wie bei jeder strikten persönlichen Regel wollte ich Monika helfen, dass »sonst« am Ende des Satzes zu entdecken. »Und was würde passieren, wenn Sie nicht die 1000-Watt-Glühbirne spielen?«, fragte ich.

Monika spannte sich an, meine Frage schien bei ihr Panik auszulösen. Normalerweise eine Quasselstrippe, wurde sie jetzt ganz still. »Wovor haben Sie Angst?«, beharrte ich sanft. Monika begann zu weinen. »Es ist Ablehnung. Ich kann es nicht ertragen, wenn mich irgendwer ablehnt. Selbst Fremde. Ich achte genau auf die kleinste Veränderung ihrer Körpersprache. Ich beobachte ständig ihr Gesicht und lese in ihm, es ist extrem anstrengend.«

Wir sprachen über ihre Kindheit. Als Monika drei Jahre alt war, zog ihre Familie in ein sehr isoliertes Dorf auf dem Land. Ihr Vater war Vertreter und viel unterwegs, und sie nimmt an, dass ihre Mutter einsam und unglücklich war. »Es gab nur einen Bus pro Woche in die nächste Stadt, und sie liebte es, einkaufen zu gehen. Ich glaube also, dass sie sich zu Tode gelangweilt haben muss und wahrscheinlich wütend und frustriert war. Wir brachten meinen Bruder jeden Morgen zur Schule und waren dann sechs lange Stunden zusammen zu Hause. Ich war ihre kleine Haushaltshilfe, und ich erinnere mich, dass sie sehr zornig wurde und ausflippte, wenn ich einen Fehler machte. Sie verlor oft die Beherrschung und schlug mich, weil ich etwas falsch gemacht hatte, wie Staub auf dem Sideboard zu übersehen. Aber wir hatten auch Spaß zusammen, dann sang und tanzte ich und unterhielt sie, und sie war glücklich und nannte mich ihre beste Freundin und sagte, dass niemand sonst sie so beruhigen konnte wie ich.«

»Wovor hatten Sie am meisten Angst«, fragte ich, »vor ihrer Wut oder ihrer Ablehnung?« »Na ja, ich denke, eines hing mit dem anderen zusammen, sodass ich als Kind keinen Unterschied erkannte. Alles, was ich wusste, war, dass ich sie glücklich machen und unterhalten musste, sonst würde sie wütend werden, schreien und mich schlagen.« »Glauben Sie, wenn Sie heute jemand ablehnt, dass derjenige die Beherrschung verlieren und Sie schlagen könnte?«, fragte ich. Monika sah mich verblüfft an. »Nein, natürlich nicht, das ist total lächerlich!« Dann sah sie nachdenklich aus: »Vielleicht denke ich das eigentlich doch. Meine Angst ist so stark, dass sie mit etwas sehr Mächtigem und Dramatischem verbunden sein muss. Aber natürlich habe ich es als Erwachsene nie gewagt, es auszutesten, vielleicht glaube ich es auf einer bestimmten Ebene also doch noch.«

Nett sein, um zu überleben

Kinder haben nicht die Macht, aufzustehen und zu kämpfen, wegzulaufen oder andere um Hilfe zu bitten. Es bieten sich ihnen nur sehr wenige realistische Möglichkeiten, und eine davon ist, ihr Verhalten zu kontrollieren, sodass sie dadurch wünschenswertes Verhalten ihrer Erzieher bewirken. Nett zu sein kann sich also durchaus wie eine Frage von Leben und Tod anfühlen.

Für Monika bedeutete das, wenn sie ihrer Mutter gefiel oder sie glücklich und nicht wütend oder traurig machte, konnte sie Schmerzen und der intensiven Angst, die diesen vorausging, aus dem Weg gehen. Aber sie hat eine fast phobische Reaktion auf die leichteste Andeutung von Ablehnung im Gesichtsausdruck von praktisch jedem, vor allem Frauen, in ihr Erwachsenenleben mitgenommen, ihr Unterbewusstes verbindet diesen Gesichtsausdruck mit der Erwartung von entweder körperlichen Schmerzen oder den emotionalen Schmerzen der Ablehnung.

Keines der Dinge, die ihre Mutter wütend und unberechenbar machten, lagen in Monikas Verantwortung als kleines Kind, sie war nicht der Grund dafür und konnte auch nichts dagegen tun. Aber bevor wir sieben oder acht Jahre alt sind, haben unsere wachsenden Gehirne nur sehr wenig Kapazität für rationales Denken. Bis dahin verlassen wir uns oft auf das, was man »magisches Denken« nennt. Das bedeutet, dass wir glauben, wir könnten das Universum kontrollieren und das Verhalten derer um uns herum. Deswegen sind kleine Kinder in dieser Phase oft ein bisschen zwanghaft (zum Beispiel: »Wenn ich nicht auf die Fugen im Bürgersteig trete, dann erwischen mich die Bären nicht«), sie verhandeln mit dem Universum, um ihre Ängste zu verringern. Auf diese Weise kann es zu strikten persönlichen Regeln wie dieser kommen: »Wenn ich immer brav und nett bin (oder vorsichtig oder ruhig oder fleißig, es können unendlich viele Verhaltensweisen sein), dann wird Mama (oder Papa oder der große Bruder) glücklich sein und mich lieben (oder mich nicht anschreien oder bestrafen).« Und der Glaube wird dadurch verstärkt, dass es *manchmal* funktioniert. Manchmal tun wir das, was man uns sagt, und sind lieb und nett und brav, und unser Gegenüber wird *tatsächlich* liebevoll darauf reagieren. Dann, wie ein winziger Spielsüchtiger, werden wir immer wieder versuchen, den Jackpot zu knacken, ohne zu begreifen, dass unser Gewinn eigentlich völlig zufällig war und wir ihn nicht kontrollieren können, indem wir immer und immer wieder dieselbe Gewinnstrategie verfolgen. Wenn wir den Jackpot nicht knacken und das erwünschte Verhalten vom Erzieher nicht »gewinnen«, dann glauben wir natürlich, dass wir uns nur noch mehr anstrengen müssen und dass es unsere Schuld ist, dass wir nicht öfter gewinnen.

Diese Überzeugungs- und Verhaltensmuster, die für uns als Kinder sinnvoll waren und effektiv bei unserer Bedürfniserfüllung halfen, neigen dazu, ungeprüft und ungetestet im Erwachsenenleben weiter zu bestehen, wo sie uns viel weniger effektiv helfen und uns sogar oft aktiv daran *hindern,* derjenige zu werden, der wir sein wollen. Als sie noch klein war, war für Monika die Strategie, ein temperamentvoller Unterhalter zu sein, einigermaßen erfolgreich und eine der wenigen Optionen, die ihr zur Verfügung standen, um den unberechenbaren Zorn ihrer Mutter zu kontrollieren. Aber jetzt fühlt sie sich durch diese Strategie so leer und erschöpft, dass sie geselligen Zusammentreffen ganz aus dem Weg geht und sich einsam und verlassen fühlt. Zu meiner Arbeit mit Monika gehörte es, Wege zu finden, wie sie ihre Überzeugungen gefahrlos austesten konnte. Ich entwarf kleine Verhaltensexperimente, die Schritt für Schritt zeigten, dass die Ablehnung durch andere nicht zu brutalen, unkontrollierbaren oder unerträglichen Ergebnissen führen würde (siehe achtes Kapitel).

Auf welche Art sind Sie nett? Gehen Sie dem Ärger aus dem Weg, oder suchen Sie nach Anerkennung?

Wie Monika gehen viele Nette dem Ärger aus dem Weg: Wir haben *unverhältnismäßig* große Angst vor Konflikten, Ablehnung oder Kritik. Folgendes versuchen wir normalerweise (wenn auch nicht immer) zu vermeiden: sich im Restaurant beschweren, Dinge im Geschäft umtauschen, irgendeine Art von Beschwerde (egal wie berechtigt) äußern, in einer Diskussion oder einem Streit jemandem widersprechen, eine Bitte abschlagen oder jemanden bitten, mit etwas aufzuhören (oder etwas zu tun). Wir versuchen auch, der Art von agitierenden, wütenden Leuten aus dem Weg zu gehen, die es in jedem Büro, jeder Straße und jeder Schule gibt und die wollen, dass wir uns mit ihnen zusammen empören und ihre Petitionen unterzeichnen. Diese Menschen machen uns oft schon durch ihre schiere Anwesenheit nervös, noch bevor sie um das gebeten haben, was wir nicht ablehnen können.

Die andere Seite der Ärger vermeidenden Medaille ist die Suche nach Anerkennung. Meiner Erfahrung nach sind die meisten Leute, die unter dem Fluch des Nettseins leiden, eine Mischung aus beidem, auch wenn bei manchen eine Strategie stärker scheint als die andere.

Diejenigen, die nach Anerkennung suchen, tauchen in genauso vielen Varianten auf wie diejenigen, die dem Ärger aus dem Weg gehen. Ganz oben auf meiner persönlichen Liste steht beschwichtigen, schmeicheln und mit der wütenden, schimpfenden Person sympathisieren, in der Hoffnung, dass sie dann, wenn sie mich mag, nicht mehr wütend ist (nicht dass sie unbedingt auf mich wütend ist, aber der Wutmesser eines Netten ist so empfindlich, dass es fast unmöglich ist, das zu unterscheiden). Als Nächstes auf der Liste folgen die Suche nach Lob, Dank, Dankbarkeit, »gute Noten« (was auch immer das für Sie bedeutet – für Samantha weiter unten bedeutete es ein blitzsauberes Haus und gebügelte Babystrampler), gute Taten, nie Nein sagen, sicherstellen, dass jeder einen mag (oder wenigstens dass niemand einen nicht mag), zuvorkommend sein, hilfsbereit, fürsorglich, freundlich, höflich und uneigennützig. Vielleicht erkennen Sie einiges oder alles davon wieder und haben vielleicht noch mehr zu ergänzen. Und natürlich ist keine dieser Verhaltensweisen per se verkehrt. Doch wir wissen, dass sie uns nicht weiterhelfen, weil wir glauben, dass es keine Alternative zu ihnen gibt, und uns daher in ihnen gefangen fühlen. Wir streben Folgendes an: nett sein, aber selbstbestimmt.

Wenn Sie dafür sorgen können, dass Sie von denen, die tatsächlich Macht über Sie haben (Ihr Chef zum Beispiel), oder als Erwachsener wahrscheinlicher von jenen, denen Sie unbewusst Macht über Sie verliehen haben (Ihr Partner, Freund, Elternteil), anerkannt werden, dann werden Sie das Gefühl haben, dass mit der Welt alles in Ordnung ist. Sie werden sich für einen Moment ruhig und sicher und wohlfühlen. Deswegen haben Nette oft perfektionistische Tendenzen. Nehmen wir das Beispiel von Monika (siehe Seite 46): Wenn sie alle Aufgaben, die ihre Mutter ihr stellt, perfekt erledigen könnte, dann könnte sie Lob einheimsen, einen warmherzigen Blick oder eine Umarmung. Aber wenn irgendetwas in den Augen ihrer Mutter nicht absolut perfekt ist, dann wird sie vielleicht angeschrien, kritisiert, bestraft oder ignoriert.

Samantha: Von wem bekomme ich jetzt Anerkennung?

Für Samantha wurde das Leben durch die Geburt ihres ersten Kindes mit 35 sehr schwierig. »Ich fühle mich ein bisschen verloren, ich weiß nicht mehr, wer ich bin«, sagte sie zu mir und fing an zu weinen. »Bevor ich Izzy bekam, habe ich hart gearbeitet und war sehr ehrgeizig, aber jetzt lasse ich die Dinge schleifen. Ich mache mir Sorgen, was die Leute über mich denken, über meine Karriere, mein Aussehen. Ich habe seit der Geburt zugenommen und mache mir Sorgen, dass mein Mann mich nicht mehr attraktiv findet.«

Mutter zu werden ist eine Umstellung, die das Selbstbild vieler Frauen belastet. Viele der Einzelteile, die ihre Identität ausmachen, wie gut im Beruf zu sein, ihren Körper zu mögen, energiegeladene Freundinnen oder Partnerinnen zu sein, Zeit für die Dinge zu haben, über die sie sich identifizieren, verschwinden normalerweise – manche für immer, manche nur für eine kurze Zeit, und manche, um durch andere, oft noch unbekannte Dinge ersetzt zu werden.

Samantha erklärte, dass sie das einzige Kind liebevoller Eltern sei, die ihr sagten, dass sie etwas Besonderes sei und alles erreichen könne, wenn sie hart genug dafür arbeite. Sie war verrückt nach Ballett und wollte eine weltberühmte Ballerina werden, die als Primaballerina für *Schwanensee* tosenden Applaus erntet. »Im Alter von drei bis 17 Jahren bin ich vier Abende pro Woche ins Ballett gegangen sowie an den Wochenenden. Meine Lehrerin war sehr streng. Sie trieb mich wirklich an und war sehr zurückhaltend mit ihrem Lob. Wenn ich bei einer Ballettprüfung als Beste abschloss, dann war das Höchste, was von ihr kam, eine leicht gekräuselte Lippe, eine hochgezogene Augenbraue und die Warnung, dass die nächste Prüfung sehr viel anspruchsvoller sei und ich deswegen lieber trainieren sollte!«

Bei unseren Sitzungen wurde Samantha bewusst, dass sie ganz von dem Bedürfnis nach Lob getrieben wurde, sie wollte in jeder Situation der Liebling der (Ballett-)Lehrerin sein. »Ich glaube, dass meine Arbeitsethik von meinem Tanzen kommt. Ich darf die Rolle meiner Tanzlehrerin bei meinem Bedürfnis nach Aufmerksamkeit nicht unterschätzen. Mein letzter Chef liebte mich, da ich immer diejenige war, die morgens das Büro aufschloss oder abends abschloss. Ich arbeitete wie eine Verrückte, aber nur, um sein Lob zu erringen.«

Wo suchen Sie Anerkennung?

Viele von uns werden Varianten ihrer eigenen Kindheit in Samanthas Geschichte wiedererkennen. Wenn Lob rar ist, kann es zu einer Sucht werden, und wir suchen überall danach, manchmal völlig, ohne auf die Quelle zu achten.

Der wegweisende Psychologe Carl Rogers schrieb über den »Ort der Bewertung«, der entweder hauptsächlich intern oder hauptsächlich extern sein kann, je nachdem, ob man seine Handlungen, Arbeit, Leistungen und Verhalten selbst beurteilt (intern) oder sich mehr davon leiten lässt, wie andere einen zu beurteilen scheinen (extern).

Natürlich variiert das von Situation zu Situation, und wir sind eine Mischung aus beidem. Aber wir müssen auch realistisch sein. Bei externen Examen und Qualifikationen zum Beispiel wird man nicht weit kommen, wenn der interne Ort der Bewertung meint, man sei ein Topschüler, aber der externe Ort der Bewertung, die Schulzensuren, aus Fünfern und Sechsern besteht. Heutzutage basiert ein großer Teil der externen Bewertung auf unserer massiven Wettbewerbsgesellschaft, von scheinbar endlosen Examen bis zum Bewerten von Fotos auf Facebook.

Aber wenn Sie am Fluch des Nettseins leiden, dann ist es wahrscheinlich, dass der externe Ort der Bewertung *viel* stärker ist als der interne. Tatsächlich kämpfen viele meiner Patienten darum, *überhaupt* zu einem eigenen Urteil oder einer Wertung ihrer selbst zu gelangen. Sie haben diese Bewertung an andere vergeben, und diese Gewohnheit begann üblicherweise in der Kindheit, als alles sich darum drehte, was sie taten, und nicht darum, wer sie waren. Das bringt uns wieder zur Idee der Liebe mit Bedingungen, bei der man sich geliebt und geschätzt fühlt für das, was man *tut,* und nicht für das, was man *ist.*

Überzeugungen, die in den empfindlichen Jugendjahren ausgebildet werden

Die Arbeit mit vielen Patienten über die Jahre hat mir gezeigt, dass nicht nur unsere Kindheitserfahrungen von Liebe und Bindung uns mit Überzeugungen und Verhaltensweisen ausstatten, die später hinderlich sein können. Ich glaube, dass auch das, was in den sensiblen Jugendjahren des Wachsens und der Entwicklung mit uns geschieht, einen mächtigen und lang anhaltenden Effekt haben kann.

Ella: Die Angst vor den gemeinen Mädchen

Als Ella aufwuchs, arbeitete ihr Vater für ein großes, multinationales Unternehmen und wurde immer wieder für einige Jahre ins Ausland geschickt. Ellas Erfahrung war also, in vielen verschiedenen Schulen anzufangen und sich immer wie die Neue zu fühlen, dabei konnte sie oft nicht einmal ihre Muttersprache sprechen. Sie war intelligent und lernte schnell, sodass Ella das als gar nicht so problematisch in Erinnerung hat, bis sie ein Teenager wurde. »Da war ich an einer amerikanischen Highschool, und es war genau wie in dem Film *Girls Club – Vorsicht bissig!* Es gab eine Clique von supercoolen Mädchen, die in der Coolnesshierarchie ganz oben standen, und sie waren absolute und vollkommene Zicken gegenüber jedem, der ein bisschen streberhaft war, die falschen Kleider trug und nicht wusste, wie man das Spiel spielt. Sie machten sich über meine Frisur, meinen Akzent und meine Unerfahrenheit mit Jungs lustig.«

Ella fühlte sich isoliert und ausgeschlossen und verinnerlichte den Spott, ein »Loser« zu sein. »Ich war samstagabends immer zu Hause und schaute mir mit meinen Eltern Quatsch im Fernsehen an. Das Telefon klingelte nie. Montagmorgens erzählten dann alle von der Party, auf der sie gewesen waren, wer was mit wem gehabt hatte, wer in wen verknallt war – und ich war von dieser aufregend klingenden Welt voller Jungs ausgeschlossen.«

Ella wuchs zu einer Frau heran, die sehr von der Anerkennung ihrer Freunde abhängt und ständig Angst hat, von ihnen abgelehnt oder ausgeschlossen zu werden. Wenn sie von einem gesellschaftlichen Ereignis hört, zu dem sie nicht eingeladen wurde, wird sie tagelang grübeln, was sie zu wem gesagt und ob sie vielleicht jemanden verärgert hat. Ella ist davon besessen, in ihre Clique zu passen, und auch wenn sie heute ihre eigenen Kleider kaufen und Geld für die »richtige« Frisur ausgeben kann, ist ihr bewusst, dass sie sich in einer Gruppe oft nervös fühlt und ständig überprüft, was sie sagen oder tun soll, um nicht negativ aufzufallen. »Dieses ständige Aufpassen ist anstrengend. Ich habe nie das Gefühl, dass ich ich selbst sein kann, obwohl ich mir gar nicht mehr sicher bin, wer das überhaupt noch ist. Und ich habe das Gefühl, dass ich keine Bitte oder Einladung ausschlagen kann, weil ich niemanden beleidigen will.« Das alles macht Ella sehr unglücklich: »Manchmal denke ich, ich hasse mein Leben und will einfach nur irgendwohin weit wegziehen und noch mal von vorn anfangen«, sagte sie mir rundheraus.

Viele werden mit Ellas Gefühlen und ihrem Wunsch zu fliehen mitfühlen. Wir werden sie später im Buch wiedertreffen (siehe viertes und achtes Kapitel) und sehen, wie sie versucht hat, ihr wahres Ich wiederzuentdecken, ihren internen Ort der Bewertung zu stärken und weniger abhängig von der Anerkennung ihrer Umgebung zu sein.

Die Teenagerjahre sind auch eine Schlüsselzeit, in der wir Überzeugungen über unsere sexuelle Begehrtheit (und diesbezügliche Verhaltensweisen) ausformen: Bin ich attraktiv? Wollen Jungen/Mädchen mit mir ausgehen? Was muss ich tun, um attraktiv zu sein?

Sarah: Trinkgenossin und Letzte an der Theke

Sarah, eine lebhafte 36-Jährige, kam zu mir, weil sie das Gefühl hatte, sich nicht nur in ihrem endlosen Versuch, abzunehmen und weniger zu trinken, zu sabotieren, sondern noch mehr in ihren Beziehungen zu Männern – und zwar durch die Angst, nicht gut genug zu sein. Es schien, ihre hinderlichen Überzeugungen hätten sich in ihrer Jugend und nicht in ihrer frühen Kindheit entwickelt.

»Ich hatte eine ziemlich glückliche Kindheit«, erklärte Sarah. »Meine Familie bedeutete Geborgenheit und Spaß. Wir waren die Art von fröhlicher, dicker Familie wie aus einer alten Fernsehserie, solange wir alle zusammenblieben, war die Welt in Ordnung.« (Sarah war eine Meisterin darin, sich selbst auf die Schippe zu nehmen – um anderen zuvorzukommen, wie sie später erklärte.)

»Aber als ich ein Teenager wurde, wurde alles schwieriger für mich. Meine beste Freundin in der Highschool war sehr hübsch, was nicht gerade hilfreich war. Ich gewöhnte mich daran, ihre fette Freundin zu sein. Auf eine gewisse Weise zwang es mich dazu, lustig und sympathisch zu werden. Ich tröstete mich mit dem Gedanken: Du verknallst dich vielleicht nicht in mich, aber du findest mich wahrscheinlich nett.«

Als sie sich während unserer Sitzungen an einige schmerzhafte Details ihrer Teenagerjahre erinnerte, hatte Sarah plötzlich die entscheidende Erkenntnis, wo die Wurzeln ihrer Einstellung zum Trinken lagen: »Eine Zeit lang hatte meine hübsche Freundin einen Freund, der Rugby spielte. Ich begleitete sie und hing mit all den Rugbykerlen rum, und ich glaube, damals begann das Trinken so richtig. Ich konnte nicht das hübsche Mädchen sein, mit dem sie alle ausgehen wollten, also wurde ich stattdessen jemand, mit dem sie trinken und lachen konnten. Ich bin immer noch die Letzte bei einer Party. Bei den Rugbyjungs galt das als total cool.«

Sarah hatte außerdem ständig die zerstörerische Erfahrung gemacht, dass Jungen ihr Aufmerksamkeit schenkten, um an ihre attraktivere Freundin heranzukommen, sodass es ihr meist gar nicht auffiel, wenn sich jemand tatsächlich für sie interessierte, stattdessen nahm sie an, dass dem nicht so sei. Während der Therapie wurde ihr zum ersten Mal klar, dass ein Junge, den sie als einen Freund ansah, aber von dem sie nicht zu hoffen wagte, dass er mehr für sie empfand, wahrscheinlich dasselbe fühlte wie sie. »Er schrieb mir Briefe, und wir telefonierten jeden Abend stundenlang, aber ich habe jegliches Potenzial für eine romantische Beziehung zu ihm schon früh sabotiert. Ich erinnere mich daran, dass ich mit ihm in einer Disco war und ihn irgendwann richtig von mir wegstieß und dann seinen verblüfften Gesichtsausdruck sah. Ich nehme an, dass ich nie geglaubt habe, dass er sich tatsächlich für mich als seine Freundin interessierte.«

Diese Erinnerung regte Sarah sehr auf, aber sie half ihr, ihre Einstellung zu sich und den Männern zu ändern und sich bewusst zu werden, wie ihre schmerzhaften Teenagererfahrungen ihr heutiges Leben einengten.

Mitgefühlklausel: Lassen Sie die Schuldzuweisungen

Es ist wichtig zu erkennen und zu begreifen, worin unsere hinderlichen Einstellungen und Verhaltensweisen wurzeln, und zwar auf eine mitfühlende und annehmende Weise und nicht als Quelle für weitere Ablehnung, Kritik und Verurteilung. Wenn wir diese Muster einmal erkannt haben, können wir mit Veränderungen beginnen, um uns von diesen Denk- und Verhaltensmustern, die nicht mehr nützlich sind, zu befreien. Im sechsten Kapitel werden wir sehen, was geschah, als Sarah mit ihrem 15-jährigen Ich auf eine mitfühlende und ermutigende Weise sprach.

Ich denke, es ist wichtig, diese mitfühlende Neugier und das Verständnis auch für die Erwachsenen aufzu-

bringen, die daran beteiligt waren, diese Muster aus-
zubilden. Die meisten Eltern tun ihr Bestes, ganz nach
den Umständen und der Art, wie sie selbst erzogen
wurden. Was meine Patienten und ich nach ein bisschen Graben in der Vergangenheit oft entdecken (siehe
fünftes Kapitel), ist, dass ihre Mütter und/oder Väter
oft unter enormem Stress und Druck standen, als sie
ihre kleinen Kinder erzogen. Mal hatten sie drei Kinder unter fünf Jahren, wenig Geld, keine Hilfe oder
keine Wegwerfwindeln. Sie waren erschöpft, schlecht
gelaunt und hart. Mal waren sie voller Trauer wegen
eines für sie wichtigen Todesfalls, vielleicht des Ver-
lusts eines Elternteils oder eines tot geborenen Babys,
das nie erwähnt wurde. Mal arbeitete der Vater weit
weg oder hatte eine Affäre, und wenn er zu Hause war,
gab's schreckliche Diskussionen, Streit oder Spannungen. Mal gab es in der Familie eine schlimme Krankheit oder eine Sucht. Keines dieser Ereignisse lag in der
Verantwortung der Kinder, sie hatten sie nicht verursacht und konnten sie nicht ändern.

Es ist auch wichtig, dass viele der bahnbrechen-
den Vorstellungen über die emotionale und psychologische Entwicklung von Kindern erst in den letzten
zehn Jahren weithin bekannt und übernommen wurden. Die Beliebtheit von Fernsehsendungen wie der
Supernanny mit ihrer Botschaft, dass Erziehung bedingungslose Liebe plus klare Grenzen ist, hatte ei-

nen weitreichenden Effekt, aber früheren Generationen war das nicht so bekannt.

Erstellen Sie Ihren Stammbaum

Es kann interessant und hilfreich für Sie sein, an dieser Stelle Ihren Stammbaum zu zeichnen. Das kann Ihnen beim Nachdenken darüber, wie Sie aufgewachsen sind, helfen und beim Erkennen, welche persönlichen Regeln und Überzeugungen Sie dadurch übernommen haben. Sie können mit den Großeltern anfangen und dann bis zu sich selbst weiterarbeiten. Normalerweise werden Frauen durch Kreise und Männer durch Vierecke dargestellt, Paare werden mit Linien verbunden und die Kinder in einer Reihe unter ihren Eltern eingezeichnet, aber machen Sie sich über das Aussehen des Stammbaums nicht zu viele Gedanken.

In der Therapie nennen wir das ein Genogramm, und die Absicht dahinter ist, dass Sie jede Information eintragen, die Ihnen helfen kann zu verstehen, wie Sie geworden sind, was Sie heute sind – dazu können Ereignisse wie Scheidung, Umzug, eine Affäre oder ein früher Tod gehören. Sie können auch psychologische Beschreibungen der Personen hinzufügen. Vielleicht wollen Sie auch mit einem vertrauten Familienmitglied sprechen, um mehr Einzelheiten zu erfahren.

Falls bei diesem Prozess schmerzhafte Erinnerungen geweckt werden, die Sie nicht allein verarbeiten können, dann sprechen Sie mit jemandem, dem Sie vertrauen, oder schalten Sie einen Berater oder Therapeuten ein.

Zusammenfassung

Hier sind die Grundideen, die in diesem Kapitel angesprochen wurden und im weiteren Verlauf noch genauer ausgeführt werden.

- »Gut genug« reicht als Ziel.
- Betrachten Sie die »Bewertungsbedingungen« und den Ursprung und Wert bestimmter Einstellungen und Verhaltensweisen.
- Stärken Sie Ihren internen Ort der Bewertung.
- Unterlassen Sie Schuldzuweisungen.
- Zeichnen Sie Ihren Stammbaum, um besser erkennen zu können, woher persönliche Regeln und Überzeugungen stammen.

3. Kapitel:

Die unterschiedlichen Varianten des Nettseins: Wozu gehören Sie?

Als ich als Psychologin im Holloway Prison gearbeitet habe – der größten Strafvollzugsanstalt für Frauen in Europa mit über 400 Insassen –, gehörten Selbstbehauptungstrainings zu meiner Arbeit (was meine Freunde und Kollegen sehr amüsierte, da das eines meiner eigenen großen Probleme war). Die Erfahrung hat mich Wichtiges gelehrt: Es sind nur sehr wenige Leute in allen Bereichen ihres Lebens selbstbewusst. Wir scheinen alle mindestens einen schwachen Punkt zu haben, und im Gegenzug verfügen die meisten von uns über wenigstens einen Bereich, in dem wir zu ruhiger, klarer Kommunikation fähig sind. Das ist wichtig, weil es bedeutet, dass effektive Kommunikation eine Fähigkeit ist, die wir erlernen können (oder lernen, sie von unseren stärksten Bereichen zu transferieren), und nicht etwas, mit dem Glückspilze geboren werden und andere eben nicht.

In der Gruppe gab es eine Aufgabe namens Linienspiel, bei dem eine imaginäre Linie durch den Raum gezogen wird und die Charaktere aus dem hervorragenden Buch über Selbstbehauptung von Anne Dickson (*Frau sein – Selbstfindung, Selbstvertrauen, Selbstbewusstsein*) daran mit Namensschildern auf dem Boden platziert werden. Wir nannten sie Danny Demütig, Anne Aggressiv, Iris Indirekt und Susi Selbstbewusst. An einem Ende befindet sich Danny Demütig, die auf alle Situationen passiv reagiert, und am anderen Ende Anne Aggressiv, deren Reaktion verbal aggressiv ist. Nahe Anne befindet sich Iris Indirekt, die passiv-aggressiv ist, und in der Linienmitte – die wir alle anstreben – steht Susi Selbstbewusst. Ich las dann Szenarien vor, und wir stellten uns an die Stelle entlang der Linie, die am ehesten unserer Reaktion auf das jeweilige Szenario entsprach. Es war faszinierend, wie unterschiedlich wir alle waren und wo wir uns ähnelten.

Szenario eins zum Beispiel: Mangelhafte Ware in ein Geschäft zurückbringen. Ich stellte mich an Danny Demütigs Stelle, da das eine Situation war, die ich fürchtete und vermied. Die anderen Frauen neckten mich mit liebevollem Spott wie: »Miss, Sie sind so ein Weichei«, und dann liefen alle zum Platz von Anne

Aggressiv (»Ich würde denen verdammt noch mal Bescheid stoßen!«). Aber bei einem anderen Szenario, bei dem es darum geht, sich gegenüber einem kritischen Partner zu behaupten, war ich näher an der Mitte, und einige von ihnen hingen bei Danny Demütig rum und meinten, das sei ein viel schwierigeres Szenario für sie. Als die Frage lautete, wie man darauf reagiert, von einem Fahrer im Auto geschnitten zu werden, standen wir alle bei Anne Aggressiv und sagten, dass wir uns in der Privatsphäre unseres eigenen Autos sicher genug fühlten, um zu schreien und zu schimpfen und vielleicht sogar eine unanständige Handbewegung zu machen.

Ich habe eine Variante des Linienspiels mal bei einem Managertraining eingesetzt (anstelle von Frauennamen habe ich Plüschtiere als Symbole für die unterschiedlichen Kommunikationsstile genommen). Die meisten dieser (männlichen) Manager waren sehr erfahren und selbstbewusst in ihrer beruflichen Rolle, manche hatten Verantwortung für Hunderte von Leuten und trafen den ganzen Tag über wichtige Entscheidungen. Und doch fühlten sie sich völlig unfähig, Nein zu sagen, wenn eines ihrer Kinder sich noch eine Tüte Süßigkeiten erbettelte oder ihre Partnerin unvernünftige Wünsche äußerte.

Bei unseren Reaktionen auf bestimmte Beziehungen oder Situationen geht es um Selbstvertrauen, und das hängt von unseren Einstellungen, Gefühlen und unserem Verhalten in Bezug auf diese Rolle, Beziehung oder Situation ab.

Wo sind Sie selbstbewusst?

Nur wenige von uns sind in der Lage, in allen Lebensbereichen ruhig und klar zu kommunizieren, wir haben wahrscheinlich alle einen verletzlichen Bereich, in dem wir zum Nettsein verflucht sind. Es folgen die Erfahrungen einiger Patienten, die Ihnen dabei helfen können, die Bereiche zu erkennen, die Sie bei sich selbst verändern möchten.

Kirsty – die nette Mutter

Kirsty gab zu, dass sie ein bisschen widerwillig Mutter geworden war. Als sie erfuhr, dass sie schwanger war, hatte sie gemischte Gefühle. Sie war gespannt auf das neue Abenteuer, aber sie hatte schlechte Erinnerungen an ihre eigene Kindheit und schreckliche Angst, dass sie wie ihre eigene Mutter werden könnte, die zornig, aufbrausend und ausfallend war. Ihr Vater war wegen seines Berufs viel unterwegs gewesen, sie nahm also an, dass ihre Mutter gestresst und unglücklich war, allein mit drei kleinen Kindern. »Ich mag sie als

Person nicht, oft hasse ich sie«, sagte Kirsty mir. »Ich rufe nur an oder besuche sie nur, wenn ich unbedingt muss, aus Schuld- oder Pflichtgefühl oder weil mich mein Vater unter Druck setzt.«

Kirstys positive Gefühle gegenüber ihrer Schwangerschaft konzentrierten sich auf die Hoffnung auf Wiedergutmachung, auf die heilende Erfahrung, eine völlig andere Mutter als ihre eigene zu sein. »Ich denke, alles, was ich als Mutter tue, tue ich, damit mein Sohn nicht dasselbe mir gegenüber empfindet, was ich meiner Mutter gegenüber empfinde. Ich will nicht, dass er in 30 Jahren in Therapie ist und über mich schimpft! Ich will, dass er mich mag und liebt und Zeit mit mir verbringen will.«

Kirstys Sohn Max war drei, als sie mit der Therapie begann. Sie fühlte sich von ihrem Leben völlig überfordert und ausgelaugt. In dem Versuch, Max totale, bedingungslose Liebe zu geben, war sie fast komplett unfähig, Grenzen zu setzen. Sie konnte es nicht ertragen, ihn weinen zu hören, daher ließ sie ihn jeden Abend in ihren Armen einschlafen, brachte ihn ins Ehebett, wenn er nachts wach wurde, und litt immer stärker unter Schlafmangel. Sie spielte den ganzen Tag mit ihm und organisierte die Familie rund um seine Bedürfnisse und Wünsche. Sie beschrieb das Ereignis, das sie schließlich die Therapie beginnen ließ:

»Immer wenn wir in den Supermarkt gehen, kaufe

ich ihm eine DVD am Stand neben der Kasse. Ich weiß, ich hätte das gar nicht erst anfangen dürfen, denn natürlich habe ich damit die Erwartung in ihm geweckt, dass er jedes Mal eine bekommt. Wenn ich sage: ›Nein, heute nicht, wir haben genug DVDs‹, fängt er an zu weinen, und wenn ich nicht schnell nachgebe, bekommt er einen ausgewachsenen Trotzanfall, brüllt und kreischt, sodass mich alle anstarren, und ich weiß, dass sie denken: Was für eine schlimme Mutter!«

Aber an dem Tag, von dem Kirsty mir erzählte, hatte sie gar nicht genug Geld dabei, um eine DVD zu kaufen, also musste sie den brüllenden Sam wegziehen und dachte, sie hätte ihn so sehr verletzt, dass er einen Schaden fürs Leben hätte. Schlimmer noch, er war sehr deutlich in seinem Trotzanfall: »Ich hasse dich, ich hasse dich, Mama. Ich hasse dich!«

»Ich kann es nicht ertragen, ihn leiden zu sehen«, schluchzte sie. »Und zu wissen, dass ich der Grund dafür bin, ist unerträglich. Aber ich kann so nicht weitermachen. Er ruiniert mein Leben, und ich fühle mich verärgert und schuldig, weil ich zu meiner Mutter werde. Er hasst mich jetzt schon.« Paradoxerweise hat Kirsty genau das Szenario erschaffen, das sie am meisten fürchtete.

Nicht alle netten Eltern sind wie Kirsty, aber es ist ein recht häufiges Muster bei Müttern (und vielen Vätern). Wie so oft bei Netten, sind auch hier die Schlüsselwörter oder -themen Schuld, Ärger und Erwartungen zu erschaffen, die man nicht durchbrechen kann (ohne viel Wut zu verursachen, was unerträglich erscheint).

Mutterschaft fließt oft in das kulturelle Frauenideal ein und kann Tendenzen der Selbstaufopferung oder des Märtyrertums, die wir bereits hatten, noch verstärken. Wie Susan Faludi in *Backlash. Die Männer schlagen zurück* schreibt: »Fügsamkeit und Märtyrertum ... sind die traditionellen Kennzeichen weiblicher Ehre, die den Frauen Anerkennung und Liebe bringen sollen.« Wie eine hochschwangere Patientin mir einmal nach ihrer ersten Sitzung schrieb: »Ich hatte diese Idee übernommen, dass ich meine eigenen Bedürfnisse an letzte Stelle setzen muss, wenn ich Mutter werde, sonst bin ich eine schlechte Mutter. Danke, dass Sie mir erklärt haben, dass ich mich auch um mich selbst kümmern und Möglichkeiten finden muss, ›den Akku aufzuladen‹, weil ich sonst meinem Kind eigentlich nichts geben kann. Ich habe wieder Hoffnung!«

Amanda – die nette Partnerin

Amanda hatte das Gefühl, dass sie mit 45 endlich die wahre Liebe gefunden hatte, und war außer sich vor Glück. Ihr Herz war von ihrem ersten ernsthaften

Freund gebrochen worden, als sie 23 war, und obwohl sie in der Zwischenzeit verschiedene Affären, Dates und Romanzen gehabt hatte, hatte sie Männern seitdem nicht mehr richtig vertraut.

»Die Kerle scheinen immer sämtliche Karten in der Hand zu halten«, sagte Amanda zu mir, als sie mir erklärte, warum sie in die Therapie kam. »Man weiß eigentlich nie, was sie denken, und sie scheinen immer irgendeine Ersatzfrau im Hintergrund zu haben. Aber ich will, dass es dieses Mal anders läuft.«

Amanda hat Simon getroffen und wollte jetzt die Art von Happy End leben, das Filme versprechen. Aber wie wir alle wissen, verläuft das Leben selten so gerade. Simon hatte eine schwierige Scheidung hinter sich, die ihn verletzt und empfindlich gemacht hatte. Und er hatte einen Sohn im Teenageralter, der jedes Wochenende mit ihm verbrachte, in einer kleinen Stadt mehrere Hundert Kilometer von Amanda entfernt. Aber sie warf sich mit erstaunlicher Großzügigkeit, sowohl emotional, finanziell, zeitlich als auch kräftemäßig, in die Beziehung. Sie lernte *Call of Duty* auf dem Computer zu spielen, damit sie virtuelle Aliens erschießen und eine Verbindung zu dem abweisenden Sohn aufbauen konnte, sie ertrug sein Chaos im Badezimmer, kämpfte sich durch die nassen Handtücher, um eines zu finden, das noch trocken genug war, und warf leere Pizzakartons schweigend in den Müll.

Amanda tat alles, von dem sie dachte, dass die perfekte Freundin es tun sollte: kochen, putzen, bügeln, obwohl Simon sie tatsächlich um nichts davon bat. Sie ertrug jedes Wochenende die lange Zugfahrt, um ihn zu besuchen, begann den unausweichlichen Schienenersatzbus sonntagnachmittags zu hassen und den Verlust von Zeit für sich am Wochenende. Normalerweise telefonierten sie jeden Abend zwei Stunden lang, Amanda hörte sich dann oft verständnisvoll seine komplizierten Probleme bei der Arbeit und in der Familie an, spielte ihre eigenen Probleme und Kämpfe aber herunter.

Dann litt Amandas Gesundheit. Sie bekam Bauchschmerzen, bis sie schließlich zu ihrem Hausarzt ging, weil sie dachte, sie habe Magenkrebs. »Können Sie sich daran erinnern, wann es mit den Bauchschmerzen losging?«, fragte ich. »Gab es einen Auslöser?« Sie dachte einen Augenblick nach. »Ich war gerade an seinem Bahnhof in den Zug gestiegen ...«, sagte sie. »Erinnern Sie sich daran, was Sie empfunden haben?«, fragte ich sie. »Ich war voll von unterdrücktem Ärger. Ich hatte das Gefühl, zu viel geschluckt zu haben ...« »In Ihrem Bauch?« »Ja! Mein Gott, das ist es, das sind die Bauchschmerzen. Ich hatte das Gefühl übrigens auch in meinem Hals. Ich bin gar nicht krank, ich bin des Ärgers überdrüssig!«

Zusammen entwarfen wir etwas namens Ärgerbarometer: Wie hoch steht es? Was brauche ich? Was hält mich davon ab, darum zu bitten? Wovor habe ich Angst? Amanda erkannte, dass sie davor Angst hatte, seine Liebe zu verlieren: »Wenn ich um das bitte, was ich brauche, wird er mir seine Liebe entziehen«, überlegte sie. Sie entdeckte weitere strikte persönliche Regeln: Ich darf kein Aufhebens machen, ich darf niemandem zur Last fallen.

Amanda begann zu erkennen und zu verstehen, aber wie wir alle wissen, ist die Veränderung selbst bei Weitem der langsamste und schwierigste Teil. Wir werden auf Amanda im vierten Kapitel zurückkommen.

Den (zu) netten Partner findet man nicht nur in der Anfangsphase, wo wir uns oft von unserer »besten Seite« zeigen, um den Mann oder die Frau zu gewinnen und zu halten. Sie können sich selbst in Ihrer Ehe oder langfristigen Beziehung als denjenigen wiedererkennen, der zu viel zu geben scheint, immer die Kompromisse eingeht oder für die »emotionale Beruhigung« sorgt. Und es fühlt sich zu riskant, zu entlarvend oder zu gefährlich an, irgendetwas davon anzusprechen und zu benennen und um das zu bitten, was Sie wirklich wollen, was alles Mögliche sein kann vom Praktischen (»Ich brauche deine Hilfe bei der Wäsche«) bis zum (viel beängstigenderen) Emotionalen (»Ich brauche mehr Liebe und Aufmerksamkeit von dir«). Und das gilt für Männer wie für Frauen, für homosexuelle wie für heterosexuelle Paare.

Oft fühlen sich Nette unbewusst von Menschen angezogen, die wenig Probleme in den Bereichen haben, mit denen sie selbst zu kämpfen haben (Harville Hendrix erklärt dieses Phänomen sehr klar in seinem Buch *So viel Liebe, wie Du brauchst*). Zum Beispiel landen wir als Nette in einer Beziehung mit jemandem, der kein Problem mit dem eigenen Ärger und dem anderer Leute hat, und wir delegieren all die Kommunikationsarbeit, die eine gewisse Durchsetzungskraft benötigt, an ihn (Leuten abzusagen, etwas umzutauschen, mit den Handwerkern zu sprechen etc.). Aber diese Rollenzuweisung, bei der unser Partner uns die Konfrontationen abnimmt, während wir uns um das nette Verhalten kümmern, kann auch nach hinten losgehen, sodass wir uns eingeschüchtert, gefangen und verärgert fühlen.

Hamish – der nette Mann

Ich habe Hamish hier dazugenommen, um zu illustrieren, dass nicht nur Frauen unter dem Fluch des Nettseins leiden. Wie ich schon erwähnt habe, habe ich einige männliche Patienten, die enthusiastisch auf das Konzept reagiert haben und sich von den Erwartungen anderer genauso erdrückt fühlen wie die supernetten Frauen, die darum kämpfen, ihre unterdrückte Seite herauszulassen.

Ich hatte schon das starke Gefühl, dass Hamish an diesem Problem litt, als die Sprechstundenhilfe, die ihm einen Termin gegeben hatte, sagte: »Er scheint ein netter Kerl zu sein.« Immer wenn jemand als »nett« bezeichnet wird, werde ich misstrauisch. Ich frage mich, wie viel kostet ihn dieses Adjektiv?

Ich entdeckte schon bald, wie viel es Hamish kostete. Er hatte ein nettes, charmantes, charismatisches Lächeln und war sofort warmherzig und einnehmend, machte Witze, brachte mich zum Lachen. Er arbeitete in der IT-Branche und half *jedem* bei dessen Computerproblemen, auch wenn das eigentlich gar nicht sein Job war. Alle liebten Hamish! Und wissen Sie was? Unter seinem lächelnden, hilfsbereiten Äußeren steckte Hamish voller Ärger: »Ich fühle mich von allen Aspekten meines Lebens unglaublich eingesperrt«, gab er zu. »Jeder hält mich für diesen netten Kerl, und natürlich ist das auch ein Teil von mir, und ich mag diesen Teil. Aber ich habe auch diese dunkle Seite, die darunter brodelt und mich und meine Umwelt zum Narren hält.«

Hamish kämpfte ständig, um das, was er als seine dunkle, inakzeptable Seite ansah, komplett vor anderen zu verbergen, was eine wahnsinnige Anstrengung bedeutet und für niemanden eine hundertprozentig wirksame Strategie sein kann. »Manchmal bringt mich eine anscheinend triviale Sache zum Platzen, und dann scheinen sich die Leute vor Schock und Enttäuschung von mir zurückzuziehen. Ich schreie und brülle nicht, ich strahle dann eher eiskalte Wut aus oder verteile fiese, sarkastische Spitzen.« »Was geschieht dann?«, fragte ich. »Na ja, es ist mir so peinlich, dass ich dann super-, supernett bin, um es wiedergutzumachen.«

Ich bitte meine Patienten oft, ein Bild von den Eigenschaften zu zeichnen, die sie anderen gegenüber zeigen, und denen, die sie im Innern behalten oder unterdrücken (Sie können dieses Experiment auf Seite 88 machen). Als Hamish sein Bild malte, zeichnete er Strahlen wie von einem Heiligenschein um seinen Körper und schrieb drum herum: »Kann nicht Nein sagen«, »kümmert sich um alle« und »hält den Laden am Laufen«. In seinen Körper zeichnete er dunkle Wirbel und schrieb: »Mein Dad.« Hamishs Dad verließ seine Mum und ihre zwei kleinen Kinder, als Hamish vier Jahre alt war. »Er ist ein kalter, skrupelloser Mann«, sagte Hamish. »Und ich habe panische Angst davor, dass ich so bin wie er. Wir sind beide sehr stur«, erzählte er und lachte düster.

Hamishs Nettsein führte auch zu Konflikten mit seiner Frau. Indem er sich so sehr bemühte, nicht wie sein Vater zu sein, verleugnete er große Teile seiner männlichen Seite. Er war supernett und ließ seine weibliche Seite zu, aber unterdrückte so viel, dass seine Frau fand, er sei geheimniskrämerisch, und ihm vorwarf, Affären zu haben (besonders da sie gesehen hatte, wie begeistert all die Mädchen im Büro auf sein Nettsein reagierten, was ihr Misstrauen natürlich nur noch verstärkte).

Hamishs Aufgabe war also zu versuchen, seine beiden Seiten miteinander zu vereinen. Könnte er genug des »netten Kerls« behalten, den er und andere mochten und schätzen, und gleichzeitig genug von seiner »dunklen« Seite freilassen, damit er nicht mehr ausflippen musste? Wir werden im vierten Kapitel sehen, wie Hamish damit klarkam.

Jessica – die nette Kollegin

Als Jessica mich zum ersten Mal traf, war sie von der Idee des Fluchs des Nettseins ganz begeistert. »Das bin ganz ich!«, rief sie. Sie hatte das Gefühl, kein Leben jenseits des »Sackgassenjobs« zu haben, wo sie viele unbezahlte Überstunden machte, die Arbeit von zweien erledigte, aber ohne Anerkennung, Unterstützung und natürlich mit viel Stress. Sie wollte abnehmen, Freundschaften schließen, ihre Beziehung in Ordnung bringen und alles genießen, was die Stadt so bot, fühlte sich aber nach jedem Arbeitstag erschöpft, deprimiert und ausgelaugt. »Nichts läuft richtig. Ich fühle mich wie eine Fünfjährige, die darauf wartet, dass mir jemand sagt, was ich mit meinem Leben anfangen soll.« Und sie begann zu weinen, leise, aber mit einer herzzerreißenden Hilflosigkeit.

Fünf ist ein Schlüsselalter für Jessica. Ihre Eltern trennten sich, als sie ein Jahr alt war, und ihre Mutter zog mit ihr zu ihren Eltern (Jessicas Großeltern), damit die sich um sie kümmerten, während ihre Mutter arbeiten ging, um Geld zu verdienen. Sie erinnerte sich daran, dass sie mit fünf ein braves, kleines Mädchen war, das sich verzweifelt nach dem Lob seines sehr strengen Großvaters sehnte, der jeden Tag nach der Schule auf sie aufpasste und der Auffassung war, dass man Kinder sehen, aber nicht hören sollte. Er war aufbrausend, aber solange sie sich an die Regeln hielt, tat, was man ihr sagte, hart arbeitete und ruhig blieb, fühlte Jessica sich sicher.

25 Jahre später lebt Jessica ihr Leben jedoch immer noch nach den strikten persönlichen Regeln ihres fünf Jahre alten Ichs. Genau dieselben Regeln, die damals recht effektiv dafür sorgten, dass ihre Bedürfnisse erfühlt wurden, sind jetzt der Grund dafür, dass sie sich elend, ausgebeutet und hilflos fühlt, während sie tut, was man ihr sagt, hart arbeitet und ruhig bleibt. »Ich muss in der Lage sein, für mich selbst einzustehen, zu all der zusätzlichen Arbeit, die man mir auflädt, Nein

zu sagen, und pünktlich nach Hause zu gehen.« Jessica lächelte ein nettes Lächeln und fügte hinzu: »Aber das ist ungefähr so wahrscheinlich, wie dass ich in eine Jeans in Größe 34 passe!«

Zusammen malten wir ein Bild von Jessica, und zwar so, wie andere sie ihrer Meinung nach sahen, ein stets lächelnder, immer hilfsbereiter Engel, und wir sprachen darüber, es mal mit nur einem Prozent weniger Nettsein zu versuchen. »Was könnte das praktisch heißen?«, fragte ich. Hatte sie eine Idee, was sie morgen tun könnte, das dieses eine Prozent repräsentierte? »Vielleicht Nein sagen, wenn ein Kollege Sie bittet, ihm bei einer Tabelle zu helfen?« Jessica sah besorgt aus und schüttelte den Kopf. »Wovor haben Sie Angst?«, fragte ich. »Sehen Sie ein Bild davon?« »Meine Angst ist, dass ich, wenn ich auch nur ein Prozent weniger nett wäre, mich sofort in eine trotzige Fünfjährige verwandle, die innerhalb von fünf Minuten gekündigt wäre!«

Das sind Ängste und Bilder, die viele von uns über Jahrzehnte in den strikten Regeln und Verhaltenweisen festhalten. Erst wenn wir anfangen, damit zu experimentieren, etwas anders zu machen, können wir den Fluch brechen.

Jessica machte noch sechs Monate mit der Therapie weiter und experimentierte schließlich sehr mutig, sie ging weit über das eine Prozent, das ich ursprünglich vorgeschlagen hatte, hinaus. Wir werden im siebten und achten Kapitel sehen, wie sie das geschafft hat.

Liz – die nette Freundin

Die 45-jährige Liz fuhr Hunderte Meilen für eine zweistündige Therapiesitzung. Sie setzte sich mit einem Seufzer hin: »Im Zug habe ich heute gedacht, dass diese Sitzung meine Art von Wellness ist. Ich kann mich nicht mehr erinnern, wann ich das letzte Mal etwas nur für mich selbst getan habe.«

Liz sagte, dass sie sich seit ihrer Scheidung vor fünf Jahren von der »Verantwortung erdrückt« fühle. Sie arbeitete außergewöhnlich hart als Geschäftsführerin eines Kulturzentrums, sorgte sich darum, ihren zwei Teenagern emotional und finanziell gerecht zu werden, und unterhielt einen großen Freundeskreis. »Ich möchte niemanden verärgern oder enttäuschen, aber jetzt habe ich einen Punkt erreicht, an dem ich mich von Verpflichtungen überrollt fühle und das Gefühl habe, gar nicht mehr zu wissen, was ich will, oder sogar, was ich fühle.«

Ich sagte ihr, dass sie ein bisschen wie ein freches Schulmädchen ausgesehen hatte, als sie erwähnte, etwas für sich selbst zu tun, und ich fragte sie, was sie dabei gedacht hatte. Sie lächelte verlegen: »Ich denke: Wer wird mich verpetzen?«

Zusammen erarbeiteten wir, dass einer der Gründe, warum es ihr schwerfiel, irgendetwas abzulehnen und vernünftige Grenzen zu setzen (besonders bei Freunden), etwas damit zu tun hatte, dass sie als Kind eine Verbindung gezogen hatte zwischen tun, was man möchte, und nicht gemocht zu werden, eine Botschaft, die sie von ihrem ablehnenden Vater erhalten hatte. »Vor drei Jahren hat er mir gesagt: ›Ich bereue stets, dass ich dir erlaubt habe, auf diese Universität zu gehen, weil du mit pinkfarbenen Haaren und einer eigenen Meinung zurückgekommen bist‹. Ich wollte ihm sagen: ›Du musst mich nicht ablehnen, nur weil ich meinen eigenen Weg gehe‹.« Aber zurückgeblieben war die Überzeugung, dass sie, um gemocht zu werden, das tun muss, was andere ihrer Ansicht nach von ihr erwarten, und außerdem einige strikte persönliche Regeln, darunter: Ich darf niemanden enttäuschen.

Ich fragte Liz, ob sie damit experimentieren könne, Freunde zu enttäuschen. Als kleinen, sicheren Start schlug ich vor, irgendetwas abzusagen, was sie eigentlich wirklich nicht tun wollte, um zu sehen, wie sie mit dem Ergebnis klarkam. Sie sagte, dass sie versprochen hatte, an dem Abend zur Veranstaltung einer Freundin zu gehen, um sie zu unterstützen, aber dass sie eigentlich nur ein Bad nehmen und früh ins Bett gehen wollte. Sie versprach abzusagen und herauszufinden, wie sie sich damit fühlte. Sie stimmte auch zu, über dieses und weitere Experimente ein Tagebuch zu führen. Wir werden im neunten Kapitel sehen, wie es ihr damit ging.

Ich denke, dass viele Nette damit zu kämpfen haben, Nein zu sagen und Grenzen zu setzen, bei Freunden, Nachbarn, Kollegen und Bekannten. Sei es, dass sie zustimmen, zu deren Veranstaltungen zu gehen, in unpassenden Momenten ihre Telefonate annehmen oder immer eine Schulter zum Ausweinen bieten, oft geht es darum, die Bedürfnisse anderer den eigenen vorzuziehen, und um das Gefühl, nicht das Recht zu haben, Nein zu sagen.

Die netten Professionellen

Wie wir wissen, neigen die Netten zu einem »Alles oder nichts«-Denken: Wenn ich nicht hundertprozentig so bin, dann bin ich das andere (schlechte). Daraus wird oft: Wenn ich nicht völlig mitfühlend bin, den Menschen gebe, was sie wollen, dann bin ich eine gemeine, selbstsüchtige, böse (ergänzen Sie hier Ihr eigenes passendes negatives Wort) Person. Das kann zu Burn-out führen und zur »Erschöpfungsdepression«. Wenn Sie glauben, Sie sind *nur* dann eine gute Person, wenn Sie versuchen, den Elenden der Welt zu helfen, und zu den Bitten und Wünschen eines jeden Ja sagen, dann werden Sie unausweichlich überfordert, verärgert und ausgebrannt.

Ich vermute, dass viele Leser und Leserinnen in sogenannten sozialen Berufen arbeiten, da ich denke, dass das eine natürliche Berufung für Nette ist. Aber wie für die sprichwörtliche Motte, die vom Licht angezogen wird und daran verbrennt, ist es ein zu helles Licht, das viele anständige Leute mit guten Absichten verbrennt.

Vielleicht haben Sie sich in einem oder allen der bereits geschilderten Szenarien wiedererkannt. Aber das Wichtigste ist, im Kopf zu behalten, dass die Überzeugungen und Verhaltensweisen, die dahinterstehen, erlernt sind und daher auch neu erlernt werden können, sodass sie Ihrer Gesundheit und Ihrem Wohlbefinden zuträglich sind.

Wir werden uns bald Möglichkeiten ansehen, den Fluch zu brechen und wieder auf Ihre Bedürfnisse zu hören, aber vielleicht nehmen Sie sich zuerst die Zeit, um die folgende Aufgabe zu lösen und Ihre eigene, einzigartige Variante des Nettseins zu entdecken.

Aufgabe – das nette Bild

Das ist die Aufgabe, die ich Hamish und Jessica gegeben hatte. Es ist etwas, das ich sehr oft mit Patienten am Anfang unserer Arbeit mache. Es ist ziemlich spielerisch, bringt also ein bisschen Leichtigkeit in etwas, das sich wie ein schweres, niederdrückendes »Festsitzen« anfühlen kann. Ich habe mein eigenes Bild angefügt, um zu verdeutlichen, wie Sie Ihr Bild zeichnen können.

Zeichnen Sie in ein Notizbuch, falls Sie eins benutzen, oder auf ein Blatt Papier eine simple Figur, die Sie darstellt. Es hilft, wenn die Figur ein dreieckiges Kleid trägt, sodass Platz zum Schreiben ist, aber ansonsten ist ein einfaches Strichmännchen völlig ausreichend. Ich zeichne immer ein strahlendes Lächeln ins Gesicht, weil die meisten Netten viel lächeln. Außerdem personalisiere ich es gern mit ein paar Strichen für die Haare.

Dann zeichnen Sie ein paar Linien, die vom Kopf und Körper ausstrahlen – fast wie Heiligenscheine –, und lassen Sie dabei genug Platz, um dazwischenzuschreiben. Sie können auch Pfeile daraus machen, wenn Sie möchten (die von Ihnen wegzeigen), da sie dafür stehen, wie Sie den Menschen und der Welt Energie geben.

Im nächsten Schritt schreiben Sie Worte auf diese Strahlen, die Ihr eigenes Gefühl dafür einfangen, was

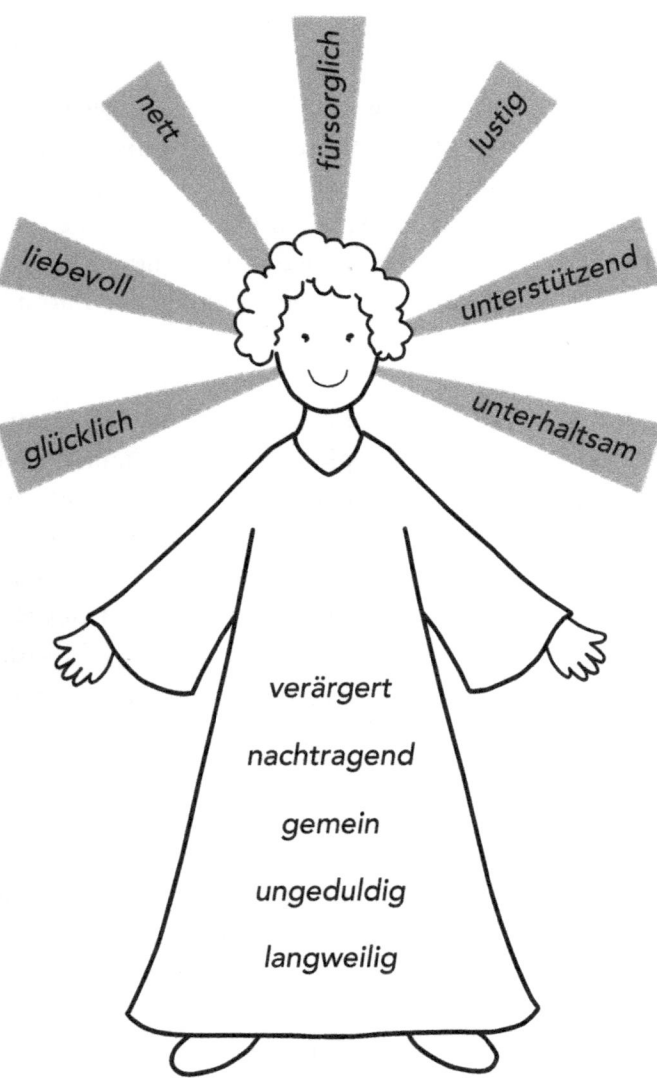

Sie weggeben oder auf andere *ausstrahlen*. Das können *Verhaltensweisen* sein, zum Beispiel immer zu lächeln, immer bereit zu sein zuzuhören, Zeit für alle zu
haben, niemals nie zu sagen, andere zum Lachen zu
bringen, die Party in Schwung zu halten … Die Liste
ist endlos, aber sehr persönlich für Sie. Oder es könnten persönliche Regeln sein, die Sie anderen mitteilen,
wie: Ich bin rund um die Uhr ansprechbar, ich werde
meinen Partner immer an die erste Stelle setzen, ich
werde meinen Kindern nichts abschlagen. Schreiben
Sie die Einfälle recht schnell auf, ohne zu viel über die
Aufgabe nachzudenken. Das sind die Aspekte von Ihnen, die Sie gern anderen zeigen und die oft sehr positiv sind, sich aber anstrengend und endlos anfühlen
können.

Jetzt denken Sie an das, was Sie *nicht* so leicht (oder
überhaupt nie) gegenüber anderen enthüllen. Was haben Sie nach innen verdrängt, weggeschlossen, das
doch in Ihnen brodelt? Schreiben Sie ein paar der Dinge, von denen Sie das Gefühl haben, dass sie an Ihnen
nagen, in Ihr Bild (in das dreieckige Kleid, wenn Sie eines gemalt haben). Ist es Wut? Ist es Traurigkeit? Was
ist mit mir? Schreiben Sie nur die paar Dinge, die Sie
am stärksten fühlen.

Jetzt schauen Sie sich das Bild an. Sie müssen erst
mal nichts weiter tun, aber das wird Ihnen deutlich, vi-
suell bewusst machen, was Ihre spezielle Variante des

Nettseins mit Ihnen macht. Denken Sie dabei daran, dass jeder in unterschiedlichen Situationen und Beziehungen selbstsicher kommunizieren kann.

Zusammenfassung

In diesem Kapitel sind wir der Bedeutung des Fluchs des Nettseins für uns und daher unserer aktuellen Situation etwas näher gekommen:

- Wo befinden Sie sich beim Linienspiel? Denken Sie daran, in welchen Beziehungen und Situationen Sie sich am selbstbewusstesten und in welchen am unsichersten fühlen.
- Überprüfen Sie Ihr Ärgerbarometer.
- Vorsicht vor »Alles oder nichts«-Gedanken.
- Versuchen Sie, ein Bild von sich zu malen, um eine visuelle Darstellung zu erhalten, was Ihre eigene Variante des Fluchs des Nettseins ausmacht.

4. Kapitel:

Hören Sie hin:
Was sagt Ihnen Ihr Körper?

Denken Sie an die Malaufgabe, die Sie gerade voll-
endet oder sich vielleicht auch nur vorgestellt haben.
Was haben Sie in die Figur geschrieben, in die tosenden Wirbel der unterdrückten Gefühle? (Übliche Antworten sind: Wut, Ärger, Unfreundlichkeit, Desinteres-
se, Egoismus, Angst, Grausamkeit, Zorn …) Sie haben
genau genug hingehört, um zu wissen, was Sie vor der
Welt verbergen, was unter der Oberfläche brodelt.

Ihre nächste Aufgabe ist es, *regelmäßig* auf Ihren
Körper zu hören, um erkennen zu können, *wann* und
wie sich Ihre Gefühle körperlich zeigen und wie das
mit dem, was Sie denken (Gedanken), und dem, was
Sie tun (Verhalten), zusammenhängt.

Wenn ich meinen Patienten das zum ersten Mal
sage, weiß eigentlich niemand so recht, wovon ich

spreche, da das Konzept zu vage scheint. Meine eigenen Erfahrungen lassen mich vermuten, dass es zum Fluch des Nettseins gehört, die Botschaften, die wir ständig von unserem Körper erhalten, zu übergehen. Doch wenn wir anfangen, auf diese Botschaften zu hören, können wir beginnen, den Fluch zu brechen. Anfangs hören wir sie, aber ignorieren sie, das kann dann zu einer solch hartnäckigen Gewohnheit werden, dass wir sie nicht einmal mehr hören – oder sie sind wie geisterhafte, dünne Stimmen, die im Wind wispern.

In diesem Kapitel möchte ich, dass Sie sich daran gewöhnen, auf Ihren Körper zu hören, darauf, was er Ihnen zu sagen hat. Man könnte es Ihre Wahrheit nennen. Ich erwarte an diesem Punkt nicht, dass Sie versuchen, etwas zu verändern, aber indem Sie die nächsten Abschnitte mit einem offenen Geist lesen, bereiten Sie sich so gut wie möglich darauf vor, etwas zu verändern.

Gehen Sie auf Ihren Körper ein

Nehmen wir das Beispiel zu Anfang des Buchs, meinen gebrochenen Arm. Während der zehn Tage zwischen dem Sturz beim Tanzen und der Röntgenaufnahme hatte mir mein Körper so viele Botschaften gesandt. Zuerst den Schmerz, ein scharfer Schmerz, sobald ich meinen Arm zu stark bewegte, aber meistens nur dumpf und pochend. Manchmal war mir ein bisschen übel, aber ich wusste nicht warum. Meine Nächte waren sehr unruhig, da ich keine bequeme Schlafposition finden konnte oder vom Schmerz aufwachte, wenn ich mich umdrehte. Also litt ich an Schlafmangel, was mich reizbar machte. Aber ich hörte nicht auf das, was diese ziemlich lauten Botschaften mir mitteilen wollten.

Das ist natürlich ein ganz schön extremes Beispiel, aber ich glaube, dass wir alle ständig Botschaften von unseren Körpern empfangen, die wir ignorieren oder gar nicht mehr hören können. Es ist wie ein Radio, das auf einer Frequenz sendet, die zu abgelegen ist, als dass Hörer sie erwischen. Viele meiner Patienten leben ihre Leben vom Hals aufwärts, oft sind sie erstaunlich analytisch, intelligent und vernünftig, aber völlig von dem abgeschnitten, was ihre Körper ihnen sagen.

Atmen Sie gerade? Ja, ich weiß, dass Sie das tun, natürlich. Aber halten Sie mal einen Moment inne, um Ihre Atmung wahrzunehmen. Sitzen Sie an einem Schreibtisch, arbeiten Sie am Computer? Ich habe vor Kurzem gehört, dass viele Menschen unbewusst die Luft anhalten oder flacher atmen, wenn sie E-Mails beantworten. Atmen Sie oben in der Brust ein, oder bewegt sich Ihr Bauch bei jedem Atemzug? Halten Sie die Luft an, vielleicht nur ein bisschen? Jetzt betrachten Sie den Rest Ihres Körpers, beginnen Sie bei den Zehen und bewegen Sie sich im Geiste bis zum

Kopf. Was erkennen Sie? Wo fühlen Sie Wärme, Kälte, Verhärtungen, Schmerzen? Haben Sie Hunger, Durst, Schmerzen oder müssen auf die Toilette oder an die frische Luft? Was ignorieren oder übergehen Sie in Ihrem Körper in diesem Augenblick? Zu beginnen, auf diese Botschaften zu hören, ist ein Weg zurück zu Entscheidungsfreiheit und Wohlergehen.

Im zehnten Kapitel gibt es eine Atemübung für Sie, aber im Moment genügt es vielleicht, sich überhaupt darauf einzulassen, was Ihr Körper Ihnen mitteilen will.

Jessica und das Pinkelbedürfnis

Jessica, die nette Kollegin, die selbstbewusster bei der Arbeit auftreten wollte (und im Leben, siehe Seite 80), wusste genau, wovon ich sprach, als ich erwähnte, man solle mehr auf den eigenen Körper achten: »Ist das so, wie wenn man in einer Gruppe von Leuten ist und auf die Toilette muss, sich aber nicht traut, etwas zu sagen oder aufzustehen, weil man das Gespräch nicht unterbrechen will und keine Aufmerksamkeit erregen möchte?« »Das ist ein sehr gutes Beispiel«, sagte ich. »Tun Sie das?« Sie sah erstaunt, dann verlegen aus: »Ich glaube, ich tue es die ganze Zeit, das ist völlig normal für mich.«

Jetzt mal ehrlich, wie viele von Ihnen nicken zustimmend? Seit diesem Gespräch mit Jessica habe ich vielen

Leuten dieselbe Frage gestellt, und es ist faszinierend, wie viele zugeben, dass sie oft die Botschaft ihres Körpers ignorieren, dass sie zur Toilette müssen, besonders wenn sie mit anderen zusammen sind. Sie geben auch zu, dass sie manchmal – oder oft – die Anzeichen von Durst, Hunger, Müdigkeit oder Stress übergehen. Aber warum, fragen Sie sich möglicherweise, ist das wichtig?

Vielleicht ist Ihnen die Aussage »Hören Sie auf Ihren Körper« schon im Zusammenhang mit Medizin oder Sport begegnet. Oft sagt einem ein Yogalehrer oder ein Fitnesstrainer, dass man auf seinen Körper hören soll, damit man nicht zu viel macht und so einem Muskel oder Band schadet. Aber sich der körperlichen Empfindungen bewusst zu werden kann auch dabei helfen, die eigenen Gefühle zu identifizieren. Menschen haben Schwierigkeiten, ihre Gefühle zu erkennen und zu benennen, das lernen wir normalerweise weder in der Schule noch zu Hause. Aber sie sind sehr körperlich (daher Ge-»fühle«), und wenn man damit beginnt, die körperlichen Empfindungen zu identifizieren, dann kann man sie auch als Emotionen benennen. Das wird dann wiederum dabei helfen herauszufinden, was die Emotionen bedeuten können und wie sie mit Ihren Gedanken und Ihrem Verhalten zusammenhängen.

Das Gefühl, das wahrscheinlich am einfachsten zu erkennen ist, ist Angst. Es ist eine Reaktion auf eine angenommene Bedrohung in der Umwelt, selbst wenn diese wahrgenommene »Bedrohung« eigentlich ein *Gedanke* (wie zum Beispiel eine Erinnerung) in unserem Gehirn ist. Sie wird von unseren primitiven Reaktionen Kämpfen, Fliehen oder Erstarren beherrscht (die körperlichen Reaktionen auf eine erkannte Bedrohung). Und so hat Monika begriffen, wie ihre Angst mit ihren Gedanken und ihrem Verhalten zusammenhängt.

Hören Sie auf Ihren Körper

Hören Sie mehrmals täglich auf Ihren Körper. Ein guter Tipp ist es, einen bunten Aufkleber auf Dinge zu kleben, die Sie regelmäßig benutzen, zum Beispiel auf die Kaffeemaschine, den Computer, den Badezimmerspiegel. Um dann jedes Mal, wenn Ihr Blick auf einen Aufkleber fällt, tief einzuatmen und Ihre Aufmerksamkeit auf Ihren Körper zu lenken. Wo sind Spannungen, Schmerzen, Verhärtungen? Wo sind Wärme, Kälte, Trockenheit, Juckreiz? Was fällt Ihnen auf, und wie hängt das mit Emotionen zusammen, die Sie identifizieren können? All das sind sehr nützliche Informationen, weil Sie sich so stärker bewusst werden, was in Ihrem Körper los ist und was Sie bisher ignoriert haben.

Monika spürt die Angst

Monika, die 1000-Watt-Glühbirne (siehe Seite 46), musste beruflich zu einem einwöchigen Kurs mit Übernachtung. Sie kam ziemlich aufgeregt auf dem wunderschönen Anwesen auf dem Land an: Eine Woche weg von der Routine, ganz ohne kochen zu müssen, wie schlecht konnte das schon werden? Am ersten Abend setzte sie sich an den großen Esstisch, nahm am Gespräch teil und genoss das wunderbare Essen. Sie fühlte sich ein bisschen aufgedreht und beschloss, einen Augenblick innezuhalten und auf ihren Körper zu hören. Ihr fiel auf, dass ihr Herz raste und ihr Mund trocken war. Ihr wurde auch bewusst, dass sie Glas um Glas Wasser getrunken hatte, sie hatte es immer und immer wieder aus der Karaffe aufgefüllt.

Als sie in der Nacht im Bett lag, dachte Monika über ihr Verhalten nach. Zu Hause trank sie fast nie Wasser zum Essen, und ganz sicher keine fünf oder sechs Gläser.

Plötzlich blitzte ein lebendiges Bild auf. Sie saß am Familienesstisch mit ihren Eltern und ihrem Bruder. Sie füllte ihr Glas so oft auf, dass ihr Dad scherzte, er sollte für sie am besten eine Pipeline direkt an den Tisch bauen. Ihre Mum sah sauer aus und ging, um die Karaffe wieder zu füllen, trotz Monikas Protest, sie würde es tun. Es war alles sehr angespannt.

Ihre Mum war oft wütend auf ihren Dad. Sie war bitter und verärgert, weil sie so viel für ihre Familie tat und ihr Dad mit ein paar Witzen durchkam, über die Monika, sein Liebling, laut lachte, was ihre Mum anscheinend noch wütender machte. Monika erinnerte sich, dass sie, gefangen zwischen den beiden, ihr Wasserglas ständig füllte, wahrscheinlich als eine ängstliche Übersprungshandlung, wie ihr jetzt bewusst wurde.

Plötzlich war es kristallklar: Mit unbekannten Leuten am Esstisch zu sitzen hatte Monika unbewusst wieder zu der Anspannung ihrer Kindheitsessen zurückgebracht. Sie hatte sich bei Tisch ängstlich gefühlt und darauf mit dem vielen Wassertrinken reagiert und mit lautem Lachen über die Witze der anderen sowie mit starkem Gestikulieren – sie erinnerte sich, dass sie all das auch als Kind getan hatte (dabei hat sie dann oft etwas umgeworfen, was natürlich die Anspannung und Angst noch weiter verstärkte).

Monika beschloss, nichts drastisch anders zu machen, aber auf ihren Körper zu hören und daran zu denken, langsamer zu atmen, wenn sie merkte, dass ihr Herz raste. Ihr wurde klar, dass ihre Reaktion sich sehr wie die anfühlte, die sie bei größeren gesellschaftlichen Veranstaltungen hatte. Die Angst vor dem winzigsten Anzeichen von Ablehnung oder Anspannung ließ sie ihre 1000-Watt-Glühbirne anschalten, und sie schauspielerte dann ängstlich und strahlte Energie aus, bevor ihr überhaupt bewusst wurde, was geschah.

Die körperlichen Anzeichen von Angst sind denen der Wut nahe verwandt. Der weise Yoda aus *Star Wars* lag nicht so falsch, als er sagte: »Furcht führt zu Wut.«

Hamish spürt die Wut

Hamish, der nette Mann (siehe Seite 77), verspürte immer größeren Ärger, weil seine Frau stets den leeren Topf Haferbrei ungespült auf der Küchenarbeitsfläche stehen ließ. Monatelang hatte Hamish schweigend und pflichtbewusst den Topf gespült, die harten und getrockneten Klumpen ließen sich kaum wegschrubben. Innerlich *kochte* er vor unterdrückter Wut und Ärger, aber solange er sich dessen nicht bewusst war, konnte er nicht an mögliche Reaktionen denken. Stattdessen kam der Ärger zu anderen Zeiten unerwartet hoch. So fauchte er zum Beispiel seine Frau mit unpassender Heftigkeit an, als sie vorschlug, *Meisterkoch* im Fernsehen einzuschalten: »Ich weiß nicht, was dir daran gefällt, das ist hirnloser Quatsch!«, schnappte er, sehr zu ihrem Erstaunen. Oder er schimpfte über die anderen Fahrer auf dem Weg zur Arbeit. (Mir ist aufgefallen, dass das ein klassisches nettes Ventil für unterdrückte Wut ist, weil es sich sicher und anonym anfühlt, jedenfalls bis jemand das Auto anhält und es direkt mit einem austragen will.)

Jede Woche versuchte ich, Hamish dazu zu bringen, darauf zu achten, was wann in seinem Körper los war. Ich sagte oft während der Sitzung zu ihm: »Was spüren Sie jetzt, in diesem Moment in Ihrem Körper? Wo ist es?« Das war für ihn richtig schwierig, wie für so viele von uns, besonders wenn wir in dem Glauben erzogen wurden, dass gewisse starke (oder *alle*) Emotionen schlecht oder falsch sind, und wir daraus gelernt haben, sie zu unterdrücken (zu »verdrängen«), bis wir sie nicht mehr spüren. Aber sie sind natürlich immer noch da und werden herausdrängen oder unseren Körper auf die eine oder andere Weise beeinflussen. Einmal kam Hamish zu seiner Sitzung und verkündete, dass er einen Aha-Moment gehabt hatte. »Ich habe mich mit meiner Frau gestritten«, sagte er mir, »und ich spürte einen Adrenalinschub in meinem Körper.« »Das ist toll«, sagte ich (wobei ich natürlich *nicht* den Streit meinte). »Gut, dass Ihnen das aufgefallen ist. Wie fühlte sich der Adrenalinschub genau an? Was geschah?« »Na ja, ich habe mich wackelig gefühlt, und als ich meine Hände ansah, zitterten sie ein bisschen. Ich wollte einfach nur so schnell wie möglich aus dem Zimmer raus, bevor ich etwas Schreckliches sage, aber meine Frau bombardierte mich mit Fragen.

Ich dachte, wenn ich meinen Mund öffne, ist alles vorbei, und es gibt kein Zurück mehr. Aber meine Frau ist zuerst davongestürmt, weinend und schreiend, ich sei ein kaltherziger Idiot, und mein Gesicht sah wie eine ausdruckslose Maske aus.«

Als Hamish immer mehr spürte, was in seinem Körper vor sich ging, wurde er immer neugieriger, ob die Empfindungen besser oder schlechter würden, je nachdem, welche Gedanken er mit ihnen verknüpfte. Wenn er sich hart verurteilte mit Gedanken wie: »Du wirst wie Vater! Du bist böse und kaltherzig. Maria wird es herausfinden und dich verlassen«, war der Stress unerträglich, und er spürte, wie er fror (»wie ein Hase im Gras«). Das machte Maria nur noch wütender, da sie merkte, wie er sich emotional zurückzog. Aber wenn er sich selbst und schließlich auch seiner Frau gegenüber ruhig seine Angst formulieren konnte, dass er wie sein Vater wurde, konnte sie ihn beruhigen, und das brachte sie einander wieder näher.

Wir werden uns die Auswirkungen unserer Gedanken (besonders unseres inneren, kritischen Dialogs) auf unsere Gefühle und unser Verhalten im nächsten Kapitel genauer ansehen.

Bemerkungen über die Wut

Ein Freund, der gehört hatte, dass ich an diesem Buch schreibe, schickte mir eine E-Mail: »Könntest du über die Angst schreiben, die uns das Ausmaß unserer Wut macht ... Mir macht die Stärke meiner eigenen Wut und deren Wirkung auf andere Menschen Angst ... und das führt nach einem ›Ausbruch‹ unausweichlich zu einer Art Schock über meine eigene Fähigkeit, ›so zu explodieren‹, und dann zu völliger Zerknirschtheit über die Nachwirkungen meiner Wut.«

Wie ich schon bemerkt habe, ist es ein klassisches Muster bei Netten, *jegliche* Gefühle zu unterdrücken, aus Angst vor Konflikten mit anderen. Aber das lässt sich natürlich nicht für immer durchhalten, und die Wut wird auf eine scheinbar unkontrollierte Art und Weise ausbrechen und sowohl uns als auch andere schockieren. Das emotionale »Ärgerbarometer«, das Amanda für ihren Partner und dessen Sohn entworfen hat (siehe Seite 75), können wir alle benutzen. Es gibt uns die Gelegenheit, die Gefühle am sanften Ende der Wutpalette zu identifizieren (zum Beispiel sich genervt, gestört, enttäuscht oder verletzt zu fühlen), und unsere Möglichkeiten, etwas anders zu machen, zu erkennen, bevor die Gefühle, wie oben beschrieben, sich zu unverhältnismäßigem Zorn und einer Explosion aufbauen. Der Nette kann von seinen sehr seltenen Wutausbrüchen so traumatisiert sein, dass er sich darum bemüht, so etwas nie wieder zu tun, dabei verbirgt er dann allen Ärger vor jedem, sogar vor sich selbst (wie Hamish es getan hat). Er erwirbt dadurch wenig oder gar keine Erfahrungen, wie er mit schwierigen Menschen, Situationen und Gesprächen umgehen kann.

Wir müssen üben, damit wir lernen, dass wir tatsächlich über die Fähigkeiten verfügen, mit solchen Dingen umzugehen, und dass unsere ängstlichen Katastrophenvorhersagen sich sehr wahrscheinlich nicht bewahrheiten (siehe siebtes und achtes Kapitel zu Werkzeugen und Verhaltensexperimenten).

Eine meiner Patientinnen erzählte mir ihre visuelle Metapher für ihre Wut, sie beschrieb sie als die heiße Apfelfüllung, die im Ofen unter den leckeren Streuseln brodelt. Sie musste auf die Hitze der Füllung achten, um sicherzustellen, dass sie nicht über die Streusel kochte und den Nachtisch ruinierte. Sie tat, was jeweils nötig war, etwa den Kuchen aus dem Ofen zu holen (das heißt, sich von der Quelle der »Hitze«/des Ärgers zu entfernen) oder ruhig etwas zu der Quelle zu sagen.

Was sagen Sie nicht?

Der nächste Schritt für Hamish war zu erkennen, was er seiner Frau oder den Kollegen, die ihn ebenfalls ärgerten, nicht sagte. Dieses »Zensieren«, wie ich es nenne, bringt wirklich interessante Informationen zutage, die man näher untersuchen sollte, wir sehen dort die Gedanken, vor allem alte Regeln und Überzeugungen, die unsere emotionalen Reaktionen und unser Verhalten beeinflussen.

Versuchen Sie einmal nachzuvollziehen, was Sie alles *nicht* zu den Menschen in Ihrem Leben sagen. Sie können diesen Monolog einfach in Ihrem Kopf beobachten oder versuchen, ihn aufzuschreiben, zum Beispiel in einem Notizbuch, bevor Sie schlafen gehen. Etwas aufzuschreiben verleiht unseren Erkenntnissen meist mehr Kraft, aber tun Sie, was sich für Sie am besten anfühlt. Hier ein paar Beispiele von Patienten, die beobachten und überprüfen, was sie ausblenden.

Ella zensiert ihr wahres Ich

Durch ihre traumatische Erfahrung als Teenager, lächerlich gemacht, abgelehnt und ausgeschlossen zu werden (siehe Seite 58), wurde Freundschaft zu einer wichtigen Sache in Ellas Leben. Sie strengte sich übermenschlich an, um einen großen Bekanntenkreis aufrechtzuerhalten, hatte aber immer die paranoide Angst, dass die Leute hinter ihrem Rücken über sie redeten und sie von Veranstaltungen ausschlossen. »Ich bin für niemanden die beste Freundin«, seufzte sie. »Wenn es um Hochzeiten und Taufen geht, werde ich nie gebeten, Trauzeugin oder Patin zu werden, ich bin immer die letzte Wahl ...«

Eines Tages bat ich Ella, eine Woche lang zu notieren, was sie dachte, aber nicht sagte, wenn sie mit ihren Freunden zusammen war. Die Ergebnisse waren sehr aufschlussreich. Ella wurde bewusst, dass sie fast alles strich, wodurch sie sich anders als ihr Gesprächspartner fühlte. Wenn derjenige zum Beispiel sagte, dass er einen Film oder eine Fernsehserie liebte (oder hasste), dann nickte Ella zustimmend, auch wenn sie eigentlich das Gegenteil dachte. Als ein Mädchen darüber jammerte, kein Geld zu haben, und wie sehr sie sich wünschte, sich ein Wellnesswochenende leisten zu können, zeigte Ella Mitgefühl, aber erwähnte nicht, dass sie gerade an diesem Wochenende in einem Wellnesshotel gewesen war! Ihr fiel dann sogar auf, dass sie eine Tasche mit dem Logo des Hotels trug, und überlegte sich, wie sie sie verstecken oder welche Geschichte sie sich als Ausrede ausdenken könnte. »Später, als ich all das in mein Notizbuch schrieb, sah ich die komische Seite daran«, sagte sie. »Ich dachte, wäre das ein Zeichentrickfilm, würde ich mir die Tasche in den Mund stopfen und versuchen, sie zu essen, um den Beweis zu zerstören.«

Ellas genaue Beobachtung ihres Zensierens ermöglichte ihr zu erkennen, dass ihre Einstellung aus Teenagerzeiten immer noch vollkommen ihr Verhalten kontrollierte: Solange sie ihr wahres Ich verbergen konnte, würde sie dazupassen und zur »coolen« Clique gehören, die zu allen Partys ging und alle Jungs bekam. Bloß waren jetzt alle Anfang 30, und es funktionierte nicht. Stattdessen fühlte Ella sich isoliert und mit niemandem enger verbunden, weil sie nie wagte, ihre wahren Gedanken und Gefühle zu enthüllen.

Wir werden uns im achten Kapitel noch mal Ella zuwenden, um zu sehen, wie sie damit experimentiert, das langsam zu ändern.

Ich mag das Wort »betrügen« eigentlich nicht, weil ich es als negatives, kritisches Wort empfinde und, wie Ihnen vielleicht aufgefallen ist, versuche, Urteile zu vermeiden. Aber mir fiel kein besseres Wort ein, um genau das zu beschreiben, was wir tun, wenn wir uns nicht trauen, jemandem offen zu sagen, dass wir seiner Meinung nicht zustimmen. Es ist wieder diese Angst vor einem Konflikt: Warum Ärger und gestörte Harmonie riskieren, wenn man ignorieren kann, was man wirklich denkt, und es dann harmonisch bleibt? Aber das hat seinen Preis. Wieder trauen wir uns nicht zu enthüllen, wer wir wirklich sind, unsere Werte, Überzeugungen, unseren Geschmack und unsere Meinungen, sodass der andere nie wirklich wissen kann, wer wir sind. Die Beziehung leidet, weil sie nicht sehr authentisch ist. Und unser Selbstwertgefühl leidet, weil wir nicht glauben, dass die anderen uns nur um unser selbst willen mögen, vielleicht mögen sie uns nur, weil wir ihnen zustimmen.

Ich sage nicht, dass Sie sofort damit anfangen sollten, die Wahrheit zu sagen, die ganze Wahrheit und nichts als die Wahrheit, ich werde kein weiteres »Sie sollten« für Ihre Liste perfektionistischer Herausforderungen hinzufügen (siehe fünftes Kapitel). Nein, ich möchte Sie erst mal nur dazu ermutigen zu erkennen, was Ihre wahren Antworten in Ihrem Kopf sind, bevor Sie danach handeln – dazu kommen wir später. Kirsty, die nette Mutter (siehe Seite 70), ist ein gutes Beispiel.

Kirsty zensiert ihre wahren Gefühle

Kirstys Mutter kam eines Tages auf einen Tee vorbei, und nachdem sie angemerkt hatte, dass das Haus nicht sehr ordentlich sei, Max noch nicht richtig sauber und der Tee nur Beuteltee, begann sie eine lange Tirade über Kirstys Schwägerin Angela. Der Monolog in Kirstys Kopf lautete in etwa so: »Mein Gott, du bist so eine boshafte alte Frau. Du bist so eifersüchtig auf

Angela, weil sie deinen kostbaren Sohn geheiratet hat und nicht die Frau ist, die du für ihn ausgesucht hättest. Ich mag sie, sie ist das Beste, was ihm je passiert ist, und ich werde nicht zuhören, wie du sie so fertigmachst.« Was Kirsty aber tat, war, schwach über die zickigen Bosheiten zu lächeln, den boshaftesten Kommentaren matt zu widersprechen (»O Mum, ich glaube, sie tut ihr Bestes bei den Kindern«) und eine andere Perspektive vorzuschlagen, aber mit kraftloser Stimme und Körpersprache.

Ich kritisiere Kirsty gar nicht. Ihr inneres Kind ist in Anwesenheit ihrer Mutter sehr aktiv, sodass es unglaublich mutig ist und auf ihrer Angstskala (die wir uns im achten Kapitel ansehen werden) sehr weit oben steht, auch nur einen winzigen Teil ihrer Gedanken auszusprechen. Und beachten Sie, dass ihr innerer missbilligender Monolog auch ein phantastischer erster Schritt ist, da Bewusstwerdung fast immer zu einer Veränderung führt, aber in ihrem eigenen Tempo.

Amanda zensiert ihre wahren Wünsche

Wir haben Amanda, die nette Partnerin, im dritten Kapitel getroffen. Sie hatte angefangen, darauf zu hören, was ihr Körper ihr mit den Bauchschmerzen zu sagen versuchte, ihr war klar geworden, dass sie mit ihrem unterdrückten Ärger zu tun hatten – mit der Vorstellung, dass sie ihre Wut »runterschluckt« und die ihren Hals und Magen verbrennt.

Sie begann auf das, was wir ihr Ärgerbarometer nennen, zu achten, und beobachtete ihren Körper, wenn sie Dingen zustimmte, denen sie eigentlich nicht zustimmen wollte, Dinge anbot (bügeln, kochen), die sie eigentlich gar nicht tun wollte, oder wenn sie das abendliche Telefonat über zwei Stunden gehen ließ, obwohl sie sich eigentlich mit einem Becher heißer Schokolade ins Bett kuscheln und fernsehen wollte.

Ich bat sie, auf die Worte in ihrem Kopf zu achten, die sie nicht aussprach, und diese später zu notieren. Sie verfügte bald über deutliche Beispiele dessen, was sie strich. Zum Beispiel gegenüber dem Teenagersohn: »Bitte häng die nassen Handtücher auf«, »Ich möchte heute Abend nicht *Call of Duty* spielen«, »Ich möchte gern etwas Zeit allein mit deinem Dad verbringen« und »Ich finde die Art und Weise, wie du über Mädchen sprichst, beleidigend, bitte tu das nicht, wenn ich dabei bin«. Was sie ihrem Freund nicht sagte, war unter anderem: »Kann ich dich später zurückrufen, wenn *The Killing* vorbei ist?«, »Ich brauche dieses Wochenende Zeit für mich, ich werde dich nächstes Wochenende besuchen« und »Ich will nicht, dass du mir um elf Uhr abends auf die Schulter tippst, weil du Sex willst, vielen Dank auch, eine Frau braucht ein Vorspiel und will verführt sein«.

Oft sprechen die Patienten in der Sicherheit meines Sprechzimmers das aus, was sie *wirklich* ihren Partnern sagen möchten. Aus den süßesten Mündern scheint dann so viel Gift zu kommen. »Sollen wir uns eine sichere Art überlegen, wie Sie etwas davon Ihrem Partner sagen können?«, frage ich dann. Normalerweise atmen sie daraufhin scharf ein und schütteln heftig den Kopf. »Um Gottes willen, nein. Ich könnte ihm/ihr nicht mal ansatzweise etwas davon sagen.« »Warum nicht? Wovor haben Sie Angst?«, frage ich. Sie sehen dann normalerweise völlig panisch aus: »Er/sie wäre innerhalb von Sekunden weg« (oder Variationen dieses Themas). Es scheint, dass die Angst davor, den Partner und/oder die Liebe des Partners zu verlieren, sie stumm werden lässt, stumm, aber voller nagendem Ärger und Zorn, die, wie ich immer sage, wie Giftgas aus ihnen heraussickern und auf irgendeiner Ebene ganz sicher von ihrem Partner wahrgenommen werden.

Wir werden im achten und neunten Kapitel Wege betrachten, wie man das Unaussprechliche mutig, aber sicher aussprechen kann, aber lassen Sie uns hier mal sehen, *warum* wir eigentlich das, was wir wirklich sagen wollen, zensieren. Es gibt viele und komplexe Gründe, aber sie lassen sich wahrscheinlich alle auf eine Kombination der zwei Hauptmotivatoren, die bereits im zweiten Kapitel identifiziert wurden, zurückführen: Vermeidung von Ärger und Suche nach Anerkennung. Kirsty versuchte sowohl der Ablehnung und Verärgerung ihrer Mutter aus dem Weg zu gehen als auch, sie netter und anerkennender zu machen. Amanda tat alles, was sie für notwendig hielt, um die Liebe und Anerkennung ihres Partners zu gewinnen und zu halten. Aber manchmal gibt es in unserem Leben gewisse Menschen, die uns das Gefühl geben, wir hätten kein Recht, unsere Emotionen zu fühlen und auszudrücken, besonders, wenn diese negativ sind.

Der Elendswettbewerb

Eine meiner allerersten Patientinnen, Adrianna, hat diesen wunderbaren Ausdruck geprägt: Elendswettbewerb, zu Ehren Anton Tschechows, der in seiner brillanten, aber düsteren Darstellung des Lebens im Russland des 19. Jahrhunderts die Summe des menschlichen Elends zog.

Als ich Adrianna kennenlernte, war ihr Leben unglaublich hart. Sie kämpfte darum, als alleinerziehende Mutter in einem fremden Land zu überleben, ohne Unterstützung ihrer Familie oder des Kindsvaters. Außerdem verlangte ihre beste Freundin aus Kindertagen, eine ihrer wichtigsten Beziehungen, immer noch Unterstützung (sowohl finanziell als auch emotional) von ihr, doch hörte ihr nicht mal zu, wenn sie es brauchte. Darunter litt sie enorm. Als Adrianna mir unter Tränen von ihren Gesprächen erzählte, hatte ich den Eindruck, dass die Freundin Adriannas Probleme immer mit ihren eigenen »übertrumpfen« wollte: »Ja, gut, aber wenigstens hast du eine Mutter, meine ist tot.« Oder: »Aber wenigstens hast du ein Kind, ich werde nie den passenden Mann finden.«

Nicht-Nette werden über diese Dynamik oft erstaunt den Kopf schütteln: Warum geben wir uns mit diesen sogenannten Freunden überhaupt noch ab? Werde sie los und such dir neue, werden sie uns mit überlegener Sicherheit sagen. Aber natürlich ist es nicht so einfach. Der Nette *glaubt* dem Elendswettbewerb-Freund auf irgendeiner Ebene oft, dass er mehr Glück hat und sich daher schuldig fühlen muss. Dafür muss er mit dieser einseitigen Freundschaft bezahlen, was unendliches Mitgefühl, Zuhören und Unterstützung bedeutet, um alles für den Freund irgendwie (meistens unbewusst) besser zu machen.

Wenn Sie sich an Ihre Kindheit erinnern, finden sich oft einige Regeln und Überzeugungen, die damals in Beziehungen zu wichtigen Erwachsenen entstanden. Eine Überzeugung kann ungefähr so lauten: Wenn ich diese Person glücklicher mache, dann wird sie nett zu mir sein.

112

Es half Adrianna wirklich, als ich ihr sagte, dass ich nicht glaube, dass es eine Hierarchie der emotionalen Schmerzen gibt. Wohlmeinende Leute werden oft versuchen, einen aufzuheitern, indem sie an die guten Dinge erinnern, die man doch im Leben hat (»Wenigstens hast du noch eine Arbeit/Ehe/ein Zuhause/ beide Beine ...«), oder einen bitten, an die hungernden Kinder in Afrika zu denken oder die Opfer der letzten Naturkatastrophe, damit einem bewusst wird, wie gut es einem geht. Aber das führt nur dazu, dass man sich schämt und glaubt, man habe kein Recht auf das eigene Unglück und es habe in einer angeblichen Elendshierarchie keinen Wert. Für einen Netten passt das oft zum tief verwurzelten Glauben (der meist aus der Kindheit stammt), dass man selbst wenig wert ist, sodass man akzeptiert, dass der eigene Schmerz weniger wert ist als der der anderen. Adrianna fand diese Idee richtig befreiend, und durch sie konnte sie sich berechtigter fühlen, ihrer manipulativen Freundin die Stirn zu bieten (und gegenüber dem Vater ihres Kindes auf Unterhaltszahlungen zu beharren).

Zusammen haben wir ihre Metapher aktualisiert: Sie machte beim Elendswettbewerb nicht mehr mit, sondern arbeitete lieber für sich allein an ihren Baustellen und weigerte sich, sich wegen des Schicksals ihrer Freundin schuldig zu fühlen.

Streichen Sie die Wahrheit, und überkompensieren Sie dann?

Es läuft wie folgt ab: Wir haben einen ehrlichen Gedanken über eine Person, streichen ihn aber. Denn wir fühlen uns sofort gemein, schuldig und schämen uns, dass wir das überhaupt gedacht haben. Dann überkompensieren wir, indem wir etwas Nettes anbieten, entweder einen konkreten Vorschlag, etwas zu tun, von dem wir wissen, dass wir es nicht tun wollen (»Lass uns essen gehen!«, »Komm doch vorbei!« oder »Lass mich dir dabei helfen«), oder nette Worte, die ein bisschen unehrlich sind (»Ach, du Arme, das klingt ja furchtbar« oder »Ja, wie konnten sie dir das nur antun?«).

Rebecca, deren Geschichte Sie später lesen werden (siehe Seite 288), hatte eine sehr bildliche Metapher für dieses Gefühl: »Es ist, als hätte ich Nettigkeits-Logorrhoe«, sagte sie. »Dinge scheinen einfach so aus meinem Mund zu kommen, als hätte ich keine Kontrolle darüber. Wenn ich es merke, ist es schon zu spät, die Worte zu stoppen. Ich biete Dinge an, ohne darüber nachzudenken, ob ich das wirklich tun möchte. Mir wird meistens fast sofort klar, dass ich es nicht möchte, aber dann ist es zu spät, es wieder zurückzunehmen.«

Ich glaube, viele von uns können sich mit Rebeccas Metapher identifizieren. Sie hilft dabei, eine eingefleischte Gewohnheit, die wir gern loswerden möchten, heiter anstatt verschämt zu betrachten. Aber was können wir dagegen tun, dass unser Mund ein Eigenleben führt? Wir brauchen eine Pause, eine Lücke, ein bisschen Platz, der uns erlaubt, vernünftig nachzudenken. Einer der besten Wege dazu ist es, sich auf seine Atmung zu konzentrieren, wie auf Seite 93 beschrieben, oder die Atemübung von Seite 264 zu machen. Das erlaubt es der Vernunft, sich einzuschalten, die würde dann zum Beispiel zu Rebecca sagen: »Lade deine Mitbewohnerin nicht in den Park ein. Du willst allein sein, du wirst es bereuen, kaum dass du es ausgesprochen hast ...«

Zusammenfassung

Wir haben jetzt gesehen, wie es hilft, regelmäßig auf den eigenen Körper zu hören, um körperliche Effekte unserer Gefühle zu erkennen, und wie diese mit dem, was wir denken und tun, zusammenhängen.

- Hören Sie damit auf, die Signale Ihres Körpers zu übergehen.
- Hören Sie auf Ihren Körper, indem Sie die Übungen auf Seite 93 machen.

115

• Schauen Sie sich an, was Sie »streichen«. Wenn Sie zu erkennen beginnen, was Sie *nicht* (tun oder sagen) wollen, dann können Sie darauf achten, *was* Sie eigentlich wollen.

5. Kapitel:

Entdecken Sie Ihre uralten Regeln und Überzeugungen

Welche persönlichen Überzeugungen und Regeln stecken hinter dem, womit Sie sich im letzten Kapitel identifizieren konnten? Warum übergehen oder zensieren wir diese körperlichen Signale, Gefühle und Worte, von denen wir jetzt nach und nach erfahren, dass es sie gibt? Welche Botschaft sagt uns, dass wir sie nicht beachten oder nach ihnen handeln dürfen? Botschaften über uns selbst vielleicht? Zum Beispiel »Ich muss immer höflich sein« oder »Ich muss immer mit dem Strom schwimmen« oder vielleicht »Ich darf nie Aufsehen erregen/einen Konflikt/Ablehnung auslösen«. Und welche *Angst* verbirgt sich hinter jedem Gedanken und jeder Handlung?

Stellen Sie sich vor, Sie seien bei einer archäologischen Ausgrabung

Stellen Sie sich vor, Sie wären ein Archäologe bei einer wichtigen historischen Ausgrabung. Wenn Sie wollen, können Sie gedanklich in einem dieser alten Filme mitspielen, in denen Leute in kakifarbenen Reiterhosen und Tropenhelm sich ein Wettrennen um verborgene Schätze oder Schriftrollen liefern. Woran Sie denken sollen, ist die Entdeckung von wertvollen historischen Objekten, die Licht auf die damalige Gesellschaft werfen und auf ihre Auswirkungen auf uns heute. Zuerst graben Sie sich sehr vorsichtig mit einer speziellen Schaufel durch Erdschichten. Wenn Sie dann auf etwas stoßen, das wichtig sein könnte, wechseln Sie zu einer weichen, kleinen Bürste, um Erde und Staub sanft vom Objekt zu entfernen, bis Sie es schließlich ins Licht der Gegenwart heben und den Prozess der Analyse und des Verständnisses beginnen können.

Aber wie wir aus Filmen wie *Indiana Jones* wissen, gibt es immer mehrere Hindernisse zu überwinden, bevor der Held den antiken Schatz erreicht. Die größte Herausforderung sind meistens die Bösen, deren Aufgabe es ist, Indiana mit allen Mitteln von seinem Ziel abzubringen. Sie sind immer bis an die Zähne bewaffnet und kennen keine Gnade, wenn sie mit Gewehren, Pfeilen, Feuer und Gift angreifen.

Kritische Gedanken – die bösen Wächter der antiken Schriftrollen

Unser persönliches Äquivalent der Filmbösen sind die kritischen Gedanken, die endlos in unserem Kopf herumwirbeln. Dieser kritische innere Dialog ist wie einer der bösen Wächter der antiken Schriftrollen und bewacht in unserem Fall die Regeln und Überzeugungen, die in dem enthalten sind, was wir ausgegraben haben. Wenn wir versuchen, eine alte Lebensregel oder eine Überzeugung, wer wir sind oder wie wir uns verhalten sollten, infrage zu stellen, dann werden diese bewaffneten Schurken ihre Gewehre, Pfeile und Flammenwerfer auf uns richten und uns wieder zurückscheuchen. Wir fühlen uns in der Unterzahl und überwältigt, aber wie Indiana Jones, der in Sicherheit springt, können auch wir kreative, unerwartete Wege finden, um diesen inneren Fieslingen die Stirn zu bieten.

Wessen Stimme sagt das zu Ihnen?

Unsere kritischen Gedanken sind uns so bekannt, dass wir möglicherweise nie innegehalten haben, um uns zu fragen, zu wem sie eigentlich gehören. Das klingt vielleicht merkwürdig, weil wir sie als Teil von uns selbst wahrnehmen, aber wenn wir aufmerksam zuhören, werden wir womöglich merken, dass sie einen Akzent, Tonfall oder eine Ausdrucksweise haben, die anders ist, als wir selbst normalerweise sprechen. Das liegt daran, dass die kritischen Gedanken üblicherweise von wichtigen Menschen in unserer Vergangenheit stammen. Und auch wenn sie in unserem heutigen Leben sehr lebendig und wichtig sein können, so hatten sie den größten Einfluss auf unser Gehirn als Kind oder Teenager. Also wer sagt »Du bist so dumm, du bekommst das nie hin!« oder »Du bist so egoistisch, hilf ihm doch!« oder »Du bist ein Versager, du wirst nie einen Freund/Abschluss/Glück bekommen!«? (Ich habe bewusst Ausrufezeichen gesetzt, weil ich glaube, dass diese Stimmen oft schrill sind, ähnlich wie ein Lehrer, wenn er eine laute Klasse übertönen will.)

Es hilft sehr, sich zu notieren, was Ihre kritischen Stimmen sagen, dann können Sie es in einem ruhigen Moment lesen und überlegen, ob Sie erkennen, wer diese Dinge früher zu Ihnen gesagt hat. Einer meiner Patientinnen wurde bewusst, dass sie den ungarischen Akzent ihrer kritischen Großmutter hörte, eine andere erinnerte sich an ihren langjährigen Eislauftrainer. Natürlich gehören viele dieser Stimmen den Eltern. Wenn Sie sich selbst sagen, dass Sie ein »ungezogenes Mädchen (oder ein ungezogener Junge)« sind, dann stammt das höchstwahrscheinlich aus Ihrer Kindheit. Aber wenn Ihre kritische Stimme Ihnen »Loser« entgegenbrüllt, dann gehört sie vielleicht einem anderen Teenager oder einem der Geschwister. Der Prozess der Identifizierung hilft dabei, diese inneren Tiraden ihrer Macht und Glaubwürdigkeit zu berauben. Wenn Ihnen einmal klar geworden ist, dass es Ihre Oma, Ihr Trainer oder die Schulzicke ist, die Ihnen in Ihrem Kopf hart zusetzt, dann können Sie es im Hier und Heute mit ihrem rationalen Erwachsenengehirn hinterfragen.

Kirstys kritischer Chor

Kirsty, die nette Mutter, der wir im ersten Kapitel begegnet sind, kämpfte nach drei Jahren als Vollzeitmutter mit geringem Selbstbewusstsein und einem niedrigen Selbstwertgefühl. Während unserer Therapie beschloss sie, sich zur Masseurin ausbilden zu lassen. Es war schwer, die Zeit und Energie zu finden, um das neben ihrem Kind und all ihren anderen Aufgaben zu machen, aber sie schaffte es, den Kurs abzuschließen und die Übungsstunden mit Patienten und die Prüfung zu absolvieren.

Einmal kam Kirsty zu unserer Sitzung und sah völlig demoralisiert und aufgelöst aus. Sie erzählte mir, dass ihr am Tag vorher etwas Schreckliches passiert sei und sie beschlossen habe, ihre neue Karriere aufzugeben. »Was ist denn bloß passiert?«, fragte ich und stellte mir etwas Furchtbares vor. »Nun«, sagte sie, »ich war in der Bank und stand an, um mein Geld aus den ersten drei Wochen meiner Tätigkeit einzuzahlen. Es waren nur knapp über 200 Pfund, aber ich hatte das Gefühl, jeden Penny mit Blut und Schweiß verdient zu haben.« Kirsty erzählte dann, dass sie das Geld nicht finden konnte, als sie schließlich an der Reihe war. Sie hatte panisch in ihren Taschen, ihrer Handtasche, sogar im Geheimfach ihres Tagebuchs gesucht, aber vergebens. Sie sagte mir, dass die kritischen Stimmen in ihrem Kopf während der Suche zu einer Kakophonie anschwollen, »wie ein wahnsinniger Höllenchor«. »Was sagten sie?«, fragte ich. »Sie sagten: ›Du bist so dumm! Für wen hältst du dich? Ha! Ich wusste, dass das hier schiefgehen würde, weil bei dir nichts klappt. Und jetzt kann jeder in der Schlange in dieser Bank sehen, was für eine dumme Versagerin du bist. Ha ha ha ha!‹«

Kirsty schien unter dem Gewicht der Erinnerung zu schrumpfen. »Die Stimmen waren so schrill und erbarmungslos, so spöttisch und mitleidlos«, erinnerte sie sich schaudernd. Sie schwieg düster. »Es klingt, als befänden sie sich immer noch auf Ihrer Schulter«, sagte ich. »Wie könnten Sie sie verjagen? Gibt es eine liebevolle Stimme, die Sie hervorholen können, um ihnen zu widersprechen?« Kirsty dachte eine Weile nach, dann lächelte sie. »Na ja, meine Oma, die gerade erst gestorben ist, hat mich immer sehr unterstützt. Sie hat an mich geglaubt, wenn das niemand sonst tat.« Sie begann zu weinen. »Was hätte sie zu ihnen gesagt?«, fragte ich sanft.

Es gab eine lange Pause, dann sagte Kirsty laut und mit einem Akzent aus dem Norden: »Haut ab und lasst sie in Ruhe, ihr fiesen Tyrannen, sucht euch jemanden eurer Größe!« Kirsty lachte: »Sie war immer sehr direkt, meine Oma. Hat gesagt, wie es war, und ihr war egal, was die Leute von ihr hielten. Aber sie hat mich immer verteidigt.«

Kirsty schwor an diesem Tag, dass sie versuchen würde, die Stimme ihrer Oma einzuschalten, wann immer die bösen Kritiker ihr in den Kopf kamen. In der folgenden Woche kam sie mit einem noch besseren Plan: »Ich trage jetzt ihren Ehering an einer Goldkette um den Hals. Ich berühre ihn, um Zugang zu ihrer Liebe und Unterstützung zu bekommen – und zu ihren Schimpfwörtern!«

Entmachten Sie Ihre
kritischen Stimmen

Therapeutische Ansätze haben sich weiterentwickelt, und die ursprünglichen Ideen der Kognitiven Verhaltenstherapie wurden mit anderen Ideen kombiniert, woraus die sogenannte dritte Welle der Verhaltenstherapie entstand. Viele dieser Ideen nutzen uralte Weisheiten aus der buddhistischen Meditation, die man als »Achtsamkeit« bezeichnet. Eins dieser Modelle nennt sich Akzeptanz- und Commitment-Therapie (ACT), und ein sehr gutes Buch dazu ist *Wer dem Glück hinterherrennt, läuft daran vorbei* von dem australischen Allgemeinarzt Russ Harris, der sehr sachlich schreibt. Er beschreibt dort viele Techniken, mit denen man kritische Gedanken oder innere Dialoge abtrennen, beobachten oder sogar lächerlich machen kann, beispielsweise sie zu einer bekannten Melodie wie »Happy Birthday« zu singen, sie mit einer komischen Stimme nachzusprechen oder sich vorzustellen, dass sie im Radio gesendet werden, das Sie dann ausschalten. Eine Patientin, die an Fressanfällen litt, wendete diese Technik an, wenn sie einen Anfall hatte: »Danach überkommen mich immer unendlich viel negative, automatische Gedanken, dass ich ekelhaft sei, schwach und fett, aber dann habe ich sie infrage gestellt, indem ich ihnen Homer Simpsons Stimme verlieh. Ich lasse es so klingen, als sage Homer: ›Du bist soooo hässlich.‹ Das nimmt ihnen die Spitze und bringt mich ein bisschen zum Lachen, und dann kann ich sie loslassen oder es mit Umformulieren versuchen, je nachdem, wie hartnäckig die Gedanken sind.«

Zu anderen ACT-Techniken gehört es, die Gedanken zu erkennen – zum Beispiel: »Ich merke, dass ich den Gedanken habe, dass …« –, um sich so von ihnen zu distanzieren, damit einem klar wird, dass sie nicht die *Wahrheit* sind und man selbst ein eigenständiger Mensch ist. Eine andere Variante ist, sie wie alte Freunde zu begrüßen – »Ach, ihr seid's, hallo!« –, um sich dann bei ihnen zu bedanken, dass sie Sie daran erinnern, dass Sie ein Versager sind, fett, dumm (setzen Sie Ihren eigenen negativen, beleidigenden Gedanken ein). Noch ein Vorschlag lautet, der Geschichte einen Namen zu verleihen, also: »Ach, die alte ›Ich bin ein Versager‹-Leier mal wieder.«

Der frühere englische Rugbynationalspieler Brian Moore hat in einem Interview mal erzählt, dass er sein ganzes Leben an boshaften, kritischen Stimmen gelitten hat, die ihm nie erlaubten, seine sportlichen Erfolge zu genießen, die ihm sagten, dass er dieses Mal Glück gehabt hatte, aber eigentlich ein Betrüger und Versager sei. Er erklärte, wie er gelernt hatte, sie so zu betrachten, als gehörten sie zu Gollum (dem Verräter aus *Herr der Ringe*); er erzählte, dass er sich bei ihm für seine Anteilnahme bedanke, um ihm dann zu sagen, »aber jetzt hau ab und lass mich in Ruhe«.

Eine andere Idee ist die, einen mächtigen Beschützer, entweder jemanden aus Ihrem jetzigen Leben oder Ihrer Vergangenheit (wie Kirstys Oma, siehe Seite 123), zu bitten, an Ihrer Stelle mit den kritischen Gedanken zu sprechen; ihnen zu sagen, sie sollen verschwinden und Sie nicht mehr belästigen, und vielleicht noch ein ermutigendes Kompliment zu ergänzen wie: »Du wirst wunderbar sein, Liebling, das weiß ich. Du schaffst das« – oder was immer Sie gerade von ihnen brauchen.

Achtsames Kämpfen

Vor ein paar Jahren besuchte ich einen achtwöchigen Achtsamkeitsmeditationskurs an der Bangor University. Während des Kurses zeigten die Leiterinnen ein eindrucksvolles Rollenspiel. Um zu symbolisieren, wie wir uns oft von unseren schwierigen oder kritischen Gedanken angegriffen fühlten, stand eine Frau still, während die andere mit geballten Fäusten auf sie zulief, als wolle sie sie angreifen. Die angegriffene Frau demonstrierte dann in einer kraftvollen visuellen Darstellung unsere häufigsten Reaktionen auf diese aggressiven Gedanken. Die erste war, einfach nur dazustehen und sich schubsen zu lassen (das heißt »zu erstarren«). Aber dadurch verschwand die Angreiferin nicht. Selbst als das »Opfer« auf dem Boden lag, wurde es weiter attackiert. Die zweite Reaktion war wegzulaufen oder zu versuchen, der Angreiferin auszuweichen (das heißt »zu fliehen«). Aber natürlich jagte sie sie dann. Und die dritte Reaktion war zurückzuschlagen, was in einem großen, lauten, gespielten Kampf endete. Auffallend war dabei, dass jede der drei Methoden, mit dem Angreifer fertig zu werden, einen gesteigerten Energieaufwand verlangte. Man konnte es sehen. Und auf genau dieselbe Art verstärken die drei Varianten, mit den kritischen, aggressiven Gedanken umzugehen – im Grunde eine Version von Kampf, Flucht oder Erstarren –, die Energie rund um die negativen, aggressiven Gedanken.

Die Frauen demonstrierten dann die achtsame Art, mit aggressiven Gedanken umzugehen: Das Opfer wandte sich seiner Angreiferin zu, nahm deren Hände sanft in die eigenen und tanzte mit ihr, sah ihr in die Augen, mit erhobenem Kopf und einer offenen Haltung. Das stand für mitfühlende Neugier, ich liebe diesen Ausdruck, weil er sowohl dafür steht, aktiv und offen zu sein als auch freundlich und wissbegierig. Ich habe vielen Patienten dieses Rollenspiel beschrieben, und die meisten fanden die Vorstellung toll, diese Haltung gegenüber ihren schwierigen Gedanken einzunehmen. Sie üben mitfühlende Neugier oft, indem sie ähnliche Sätze wie die von Russ Harris vorgeschlagenen nutzen: »Ach, du mal wieder. Ich frage mich, warum du heute aufgetaucht bist?«, aber in einem sanften Tonfall.

Ein Licht anschalten

Gehen wir noch einmal zur Archäologiemetapher zurück. Wenn wir damit begonnen haben, die bösen Wächter, also unsere kritischen inneren Dialoge, zu erkennen und ihnen mit mitfühlender Neugier entgegenzutreten, dann können wir die wertvollen Schriftrollen und antiken Objekte vorsichtig ans Tageslicht bringen und sie wissbegierig beleuchten. Fragen Sie sich: Woher kommen sie? Wessen Regeln und Überzeugungen sind es? Und am wichtigsten: Möchte ich heute als rationaler, bewusster Erwachsener immer noch an sie glauben?

Überzeugungen sind sehr mächtig und haben nicht unbedingt nur etwas mit unserem Verhalten zu tun. Aaron Beck teilte sie in drei Kategorien auf: Grundannahmen über uns selbst, andere und die Welt. Er unterscheidet auch zwischen *bedingten* Annahmen, die in der Form »wenn (etwas) ... dann (etwas anderes)« auftreten, und *Grund*annahmen, die normalerweise sehr tief verwurzelt sind und an die Essenz dessen gehen, wer wir zu sein glauben (meist als »Ich *bin* X oder Y«).

Monika und Ella enthüllen einige Regeln und Überzeugungen

Bei Monika, der »1000-Watt-Glühbirne« (siehe Seite 46), arbeiteten wir mit dem Aha-Moment, den sie in ihrer Fortbildungswoche hatte, als sie die Angst in ihrem Körper erkennen konnte, das rasende Herz und den trockenen Mund, und sie mit dem Gefühl verbinden, das sie am Esstisch in ihrer Familie empfand (siehe Seite 97). »Ich glaube, bei der Regel geht es darum, den Frieden zu wahren, alle glücklich sein zu lassen … etwas wie: Ich muss mich anstrengen, um die Spannungen zu glätten und alle ruhig zu halten.« »Sonst?«, fragte ich. »Sonst leide ich, nehme ich an, meine Mutter würde mich wohl bestrafen.« Sie entdeckte auch die bedingte Annahme: »Wenn ich nicht meine ganze Energie einsetze, dann mögen mich die Leute nicht«; Annahmen über andere: »Frauen sind eifersüchtig und gefährlich«, »Männer und Frauen hassen einander« und über die Welt: »Man muss für alles kämpfen«; und Grundannahmen über sich selbst: »Ich bin schlecht« und »ich bin nicht liebenswert«.

Ella, die sich durch das »Erbe der fiesen Mädchen« sozial eingeschränkt fühlte, wurde bewusst, dass sie immer stärker jegliche Erwähnung von etwas Positivem in ihrem Leben zensierte, um ihre angeblichen Freunde damit nicht traurig, wütend oder neidisch zu machen. Ich fragte sie, welche Regeln und Überzeugungen hinter diesem Verhalten steckten. Zusammen entdeckten wir folgende Liste: »Ich darf nicht anders als alle anderen erscheinen«, »Ich darf keine Aufmerksamkeit auf mich ziehen, indem ich eine andere Meinung vertrete«, »Ich muss mich anpassen und darf nicht auffallen« und »Wenn ich nicht Teil der Gruppe bin, werde ich nie einen Freund bekommen«.

Vielleicht lesen Sie das und denken, Monikas und Ellas Gedanken sind verrückt und irrational, aber genau das ist ja der Punkt: Unsere alten Regeln und Überzeugungen *sind* normalerweise irrational, weil wir an sie geglaubt haben, bevor wir zu höheren Denkprozessen fähig waren und als wir nur sehr wenig Macht über unser eigenes Leben hatten.

Die Verantwortungstorte

Die folgende Übung kann Ihnen dabei helfen, hinderliche Überzeugungen über sich selbst, die Sie vielleicht schon seit der sehr frühen Kindheit mit sich herumtragen, neu zu betrachten. Überzeugungen wie »Ich bin für alles verantwortlich« (zum Beispiel dafür, dass alle glücklich sind), und wenn das kleinste bisschen schiefgeht, dann »Es ist alles meine Schuld« oder »Ich bin ein schlechtes Mädchen/schlechter Junge« etc.

Vielleicht erinnern Sie sich an die Tortendiagramme aus dem Mathematikunterricht, aber Sie können sich auch einfach vorstellen, eine Torte in Stücke zu schneiden.

- Zeichnen Sie einen Kreis auf ein Blatt Papier, überlegen Sie sich dann eine Schlüsselfrage Ihres Lebens, etwas, für das Sie sich verantwortlich fühlen und vielleicht auch schuldig, weil Sie nicht genug dafür tun/getan haben.
- Jetzt fragen Sie sich: »Wer ist wirklich dafür verantwortlich?« Schreiben Sie diese Frage auf.
- Als Nächstes teilen Sie Ihre Torte in Stücke auf und schreiben in jedes den Namen desjenigen, dem dieses Stück gehört. Tun Sie das schnell, damit Ihr Unterbewusstes seine Wahrheit ausdrücken kann und nicht Ihre alten »Ich-sollte-Überzeugungen« das Diagramm bestimmen.

Indira (siehe Seite 23) hatte die Verantwortungstorte beschriftet. Ihre Frage war: »Wer trägt die Verantwortung, sich um Mum und Dad zu kümmern?« Sie teilte ihre Torte so, dass sie je 25 Prozent ihrer Mutter und ihrem Vater zuteilte. »Schließlich sind sie noch nicht krank oder pflegebedürftig, sondern können sich um das meiste selbst kümmern.« Sie unterteilte die andere Hälfte in vier gleich große Stücke: eines für jedes ihrer Geschwister und sich selbst. »Nur weil ich die Einzige bin, die nicht verheiratet ist und keine Kinder hat, bedeutet das nicht, dass ich rund um die Uhr auf Abruf bereitzustehen habe.«

Das half Indira sehr, sich bewusst zu werden, dass sie sich nicht immer verpflichtet fühlen musste zu helfen oder schuldig, wenn sie es nicht tat. Sie schrieb ihren Geschwistern und erklärte, dass sie jetzt sehr viel zu tun habe, weil sie eine neue Stelle suchte und im Internet auf Partnersuche ging, sodass sie ihren Anteil an der Arbeit mit ihren Eltern übernehmen müssten. »Es war ein bisschen patzig«, sagte sie mir, »aber lange überfällig. Ich war eigentlich erstaunt, wie gut die meisten es aufnahmen. Es hat mir viel mehr Raum verschafft, sowohl in meinem Kopf als auch in meinem Kalender.«

Es ist oft so, dass Patienten, wenn sie sich ein Kindheitsproblem so anschauen, klar wird, dass sie *überhaupt* keine Schuld trugen. Sie schleppten diese Schuldgefühle mit sich herum – vielleicht dass sie es verdienten, misshandelt zu werden, weil sie böse gewesen waren, oder dass sich ihre Eltern haben scheiden lassen, weil sie nicht brav oder liebenswert genug waren –, sind jedoch erstaunt, dass sie sich selbst kein einziges Tortenstück gegeben haben.

Die alten, negativen Überzeugungen werden nicht über Nacht verschwinden, aber die Übung kann auf jeden Fall Bewegung in sie bringen. Als Erwachsener zu erkennen, dass das, was man als Kind geglaubt hat, nicht die Wahrheit ist, kann sehr befreiend sein und unsere aktuelle Art, zu denken und zu handeln, von Grund auf verändern. Indira hatte sich vom Gewicht der Verantwortung für ihre Familie erdrückt gefühlt, aber das ließ nach, als sie das Gefühl hatte, wieder durchatmen und kleine, mitfühlende Schritte in Richtung ihres vollständigen, lebendigen Selbst machen zu können.

Machen Sie aus Ihren »Du sollst« »Du könntest«

Das ist eine der beliebtesten Methoden, die ich über die Jahre meinen Patienten beigebracht habe. So viele haben mir am Ende einer Reihe von Sitzungen mit harter, emotionaler Arbeit gesagt – in denen schmerzhafte Kindheitserinnerungen enthüllt wurden, sie sich getraut haben, ihren Eltern und Partnern gegenüberzutreten, und sie schwierige Aspekte ihres Lebens geändert haben –, dass das, was ihnen am meisten geholfen hat, »diese Sache mit dem Umwandeln von ›solltest‹ zu ›könntest‹ gewesen ist, das hat mein Leben wirklich verändert«. Ich gebe hier also einen absoluten Therapieliebling mit vielen begeisterten Fans weiter.

Die Theorie stammt noch einmal aus Aaron Becks ursprünglicher Kognitiven Verhaltenstherapie. Beck schreibt, dass problematische emotionale Zustände wie Ängste und Depressionen teilweise durch hinderliche Gedankenmuster verursacht werden, besonders von den bereits im ersten Kapitel erwähnten strikten persönlichen Regeln, die ich als entscheidend ansehe, um zu begreifen, warum wir denken und handeln, wie wir es tun. Diese Regeln sind »schwarz und weiß« oder dichotom, weil sie uns keine Wahlmöglichkeiten bieten und keine Grauschattierungen zulassen zwischen zum Beispiel Erfolg oder Versagen. Für die überforderte Mutter von drei Kindern, Susie (siehe Seite 30), war eine ihrer strikten persönlichen Regeln: »Ich soll immer eine ruhige und liebende Mutter sein und nie laut werden.« Wenn sie dann doch, ganz unausweichlich, eines ihrer Kinder anschrie, fühlte sie sich schrecklich und wie eine Versagerin, weil sie ihre Regel gebrochen hatte.

Schlimmer als das ist jedoch, was es für sie *bedeutete,* dass sie ihre (unmögliche, perfektionistische)

strikte persönliche Regel gebrochen hat. Es besagte
für Susie, dass sie wie ihre eigene Mutter wurde, was
wiederum bedeutete (natürlich völlig irrational), dass
ihre Kinder sie später hassen würden und keine Zeit
mit ihr verbringen wollen würden. Noch schlimmer,
sie hätten einen starken psychischen und emotionalen Schaden, ein Bild tauchte immer wieder vor Susies geistigem Auge auf (wieder irrational): das ihrer
erwachsenen Kinder, verarmt, obdachlos und auf einem Pappkarton unter der Waterloo Bridge bettelnd.
Diese extremen Gedanken und Bilder halten uns in einem Zustand der Angst, das werde ich im achten Kapitel noch näher besprechen.

Ein alltäglicheres Beispiel, das ich oft mit meinen
Holloway-Gruppen teilte, war ein »Du sollst«, das
mir oft an diesen hektischen Arbeitsmorgen begeg-
nete, wenn ich eilig das Haus verließ und einen Sta-
pel nicht gespültes Frühstücksgeschirr (und vielleicht
noch ein paar dreckige Pfannen vom vorigen Abend)
in der Spüle zurückließ. Ich sagte mir dann selbst: »Du
hättest eigentlich spülen *sollen*.« Und da ich das nicht
getan hatte, schimpfte ich in einem kritischen Dialog
mit mir selbst: »Du bist so eine faule Hausfrau, du
bist eine Versagerin. Du bist so unorganisiert, dass du
nicht mal den Abwasch schaffst. Du bist erbärmlich.«

Was passiert also, wenn man in diesem Satz aus dem
»Du sollst« ein »Du könntest« macht? »Ich hätte ei-

gentlich spülen *können.*« Für mich bringt das sofort eine Wahlmöglichkeit mit sich. Ich hätte den Abwasch machen *können,* habe mich aber in dieser Situation dagegen *entschieden.* Hören Sie, wie viel einfacher das klingt? Haben Sie Ihre Schultern ein paar Zentimeter fallen lassen, als Sie das sanfte Wort »können« gelesen haben? Denn »sollen« ist ein Wort, das schon fast durch seine bloße Natur zur Selbstanklage führt. Es ist ein hartes Wort, und als solches macht es uns sehr unglücklich.

Es gibt endlos viele »Du sollst«, und sie können eine große Bandbreite abdecken, von was Sie in Ihrem Leben tun »sollen« (»Du sollst heiraten«, »Du sollst erfolgreich sein«, »Du solltest inzwischen berühmt sein« …) bis hin zu scheinbar trivialen Dingen wie »Du solltest immer Lippenstift auflegen« oder »Du solltest jeden Tag zwei Liter Wasser trinken«. Manche dieser Ideen sind als Richtlinien, nach denen man sein Leben ausrichtet, nicht verkehrt, aber wenn sie unflexibel werden, verwandeln sie sich schnell in einen Käfig, in dem man sich gefangen fühlt.

Das »Du sollst« des Elefantenatems

Vor ein paar Jahren habe ich eine Innenarchitektin engagiert, um mich zu beraten, in welchen Farben ich mein Haus streichen lassen sollte. Ich glaube, dass ich mich zu dieser Zeit besonders unsicher gefühlt habe oder, wie meine Freundin sagte, an »Hausscham« litt. Zehn Jahre zuvor hatte ich die Wände in kräftigen, mediterranen Farben gestrichen und diese Wahl ganz selbstbewusst getroffen, aber jetzt fühlte ich mich unsicher und dumm, als diese schrecklich schicke, hippe Frau leicht abfällige Bemerkungen über die »Kinderzimmerfarben« und den »lebhaften Mexikanische-Cantina-Look« machte. Nach vielen Seufzern und nachdem sie Farbproben in unterschiedlichen Grautönen hochgehalten hatte, sprach sie ihr Urteil: »Ich finde, Sie sollten die gesamte untere Etage in ›Farrow & Ball‹-Elefantenatem streichen.« Für jemanden von einem anderen Planeten, aus einer anderen Zeit oder Kultur ist das ein rätselhafter, wenn nicht lustiger Gedanke.

Welche Farbe hat Elefantenatem wohl? Sicher durchsichtig, wie der Atem von allen? Aber zu der Zeit war das der letzte Schrei, und glauben Sie mir, »F & B«-Elefantenatem bedeckte damals einige der trendigsten Wände des Landes. Ich kaufte also brav den Probetopf der Farbe, strich ein Stück Tapete und klebte es neben dem Fernseher an die Wand. Wo es mich für die nächsten drei Jahre quälte. Jedes Mal, wenn ich mich nach einem langen, harten Tag für ein bisschen entspannendes Fernsehen oder Eskapismus aufs Sofa setzte, ging mir durch den Kopf: Du solltest diese

Zimmer in Elefantenatem streichen. Und Sie können sich all die anderen kritischen inneren Dialoge vorstellen, die mit diesem einen »Du solltest« einhergingen: Dieses Zimmer ist hässlich, es sieht wie ein mexikanisches Restaurant aus, du hast keinen Geschmack, du bist eine uncoole Versagerin, du kannst niemanden, der älter als zehn ist, einladen, bevor du nicht alles in »F & B«-Elefantenatem gestrichen hast. Ich übertreibe nicht, wenn ich sage, dass die Tatsache, dass ich diese schicke Dame engagiert und ihr Urteil über meines gestellt hatte, mir drei komplette Jahre die Freude an diesem Zimmer – ja fast am ganzen Haus – genommen hat. (Falls Sie neugierig sind, ich habe inzwischen den Glauben an mein eigenes Urteil wiedergewonnen und die Zimmer in einem hübschen, unmodischen, rauchigen Hellblau gestrichen, was eine friedliche und sonnige Stimmung verbreitet.)

Für Nette können diese »Du sollst« das Gefühl verursachen, in einem selbst gebauten Käfig zu sitzen, und zwar einem, von dem wir überhaupt nicht wissen, wie wir ihn abbauen können. Es geht dabei so sehr um Unsicherheit und Vergleiche. Wenn wir uns sicher sind, wer wir sind und was unsere Werte, unser Geschmack und unsere Standards sind, dann ist es uns egal, was andere über die Farbe unserer Wohnzimmerwände, über unsere Spüle oder die Schulabschlüsse unserer Kinder denken. Aber natürlich gibt es in dieser modernen Welt des fortgeschrittenen Konsums, in der die Werbung uns auf vielerlei Weise unzulänglich und unterlegen fühlen lässt (damit wir die Produkte und Dienstleistungen kaufen, um uns »richtig« zu fühlen), nur sehr wenige Menschen, die es schaffen, sich in allen Aspekten den Lebens sicher und »richtig« zu fühlen.

Erwischen Sie Ihre »Du sollst«

Probieren Sie dieses Experiment. Versuchen Sie nur für einen Tag, sich dabei zu erwischen, wenn Sie »Du sollst« denken oder sagen (zu sich oder anderen). Mal sehen, ob Sie es früh genug merken, um es zu einem »Du könntest« umzuwandeln, und beobachten Sie, was dann mit Ihren Gedanken, Gefühlen und Ihrem Verhalten geschieht. Wenn Sie möchten, können Sie das länger als nur für einen Tag tun und die Ergebnisse in Ihrem Notizbuch aufschreiben. Aber das ist kein »Du sollst« …

Hier ist eine Liste mit »Du sollst«, die ich über die Jahre durch Beobachtungen meiner selbst und meiner Patienten gesammelt habe:

• Ich sollte das Wohnzimmer in »F & B«-Elefantenatem streichen.
• Ich sollte fünf Kilo abnehmen.

- Ich sollte fitter sein.
- Ich sollte meine fünf Portionen Obst und Gemüse pro Tag essen.
- Ich sollte öfter Sex mit meinem Partner haben.
- Ich sollte jetzt aufhören zu trauern.
- Ich sollte in diesem Alter verheiratet sein.
- Ich sollte mir zwei Mal täglich die Zähne putzen.
- Ich sollte meine Mutter öfter anrufen.

Ihre persönliche Unabhängigkeitserklärung

Bevor Sie Ihr Verhalten ändern und sich anders benehmen können, ist es entscheidend, dass Sie anfangen zu glauben, dass Sie *das Recht* dazu haben. Die Vereinigten Staaten haben ihre Unabhängigkeitserklärung, die einige persönliche Freiheiten garantiert und die ein integraler Bestandteil der Bürgerrechte ist, die in Schulen unterrichtet werden und die fast alle kennen. Zum ersten Mal wurde mir wirklich bewusst, dass wir alle eine *persönliche* Unabhängigkeitserklärung haben, als ich Anne Dicksons Buch *Frau sein – Selbstfindung, Selbstvertrauen, Selbstbewusstsein* gelesen habe, in dem sie die elf grundlegenden Menschenrechte auflistet. Sie klingen vielleicht sehr offensichtlich und simpel, aber es kann sein, dass Sie bisher noch nie daran gedacht haben und, unbewusst, Ihre eigene Sammlung von Überzeugungen aus der Kindheit oder der Gesellschaft haben, die diesen Rechten entgegensteht, sodass es schwer ist, tatsächlich zu glauben, dass sie für Sie gelten.

Zu der persönlichen Unabhängigkeitserklärung gehören:

- Ich habe das Recht, meine Gefühle, Meinungen und Werte auszudrücken.
- Ich habe das Recht, ich selbst zu sein.
- Ich habe das Recht, Nein zu sagen.
- Ich habe das Recht, Fehler zu machen.
- Ich habe das Recht, meine Meinung zu ändern.
- Ich habe das Recht zu sagen, dass ich etwas nicht verstehe.
- Ich habe das Recht, mich nicht für die Probleme anderer Erwachsener verantwortlich zu fühlen.
- Ich habe das Recht, mich selbst an die erste Stelle zu setzen.
- Ich habe das Recht, nicht von der Anerkennung anderer abhängig zu sein.

Die persönliche Unabhängigkeitserklärung bereitet Sie für das nächste Kapitel vor, in dem es darum geht, sich nicht nur zu sagen, dass man das Recht hat, etwas anders zu tun, sondern Wege zu finden, diese neuen, hilfreichen Überzeugungen auf praktische Weise umzusetzen, indem man sich sich selbst gegenüber anders verhält.

Zusammenfassung

In diesem Kapitel wurden einige praktische Vorschläge gemacht, um die persönlichen Regeln und Überzeugungen, die den Fluch des Nettseins verstärken, zu erkennen und infrage zu stellen.

- Hinterfragen Sie Ihre kritischen Gedanken und »alten« persönlichen Regeln.
- Entmachten Sie Ihre kritischen Stimmen.
- Machen Sie die Übung »Verantwortungstorte« (Seite 130), damit Sie einige Überzeugungen in einem neuen Licht sehen können.
- Machen Sie aus Ihren »Du sollst« »Du könntest«.
- Lernen Sie Ihre persönliche Unabhängigkeitserklärung kennen.

6. Kapitel:

Weil ich es wert bin –
nett zu uns selbst sein

Nette haben meist ein geringes Selbstwertgefühl und wenig Selbstachtung, und wir sind oft von der Anerkennung anderer abhängig, um uns gut zu fühlen. Erinnern Sie sich an Carl Rogers Modell des internen und externen Orts der Bewertung aus dem zweiten Kapitel (siehe Seite 56)? Nun, als Nette müssen wir normalerweise daran arbeiten, unseren internen Ort der Bewertung zu stärken – an dem unsere Meinung über uns von uns selbst und nicht von anderen Menschen abhängt.

Die meisten von uns kennen jemanden, der uns entweder erstaunt oder ärgert und der ein sehr starkes persönliches Anspruchsdenken hat. Nun, wir brauchen ein bisschen von dem, was er hat, und ich möchte einige Wege, das zu erreichen, vorstellen. Die

Menschen sind sehr unterschiedlich, und nicht alles funktioniert bei jedem, versuchen Sie also, offen zu bleiben, und überlegen Sie, was Sie vielleicht ausprobieren können.

Der Erlösungsbogen

Ein Freund von mir, ein Drehbuchautor, hat mir zuerst von dieser Idee erzählt. »Hollywood verlangt, dass jede Geschichte einen sogenannten Erlösungsbogen hat«, erklärte er. »Das bedeutet zum Beispiel eine ganz klassische Geschichte, Junge trifft Mädchen, Junge verliert Mädchen, Junge bekommt Mädchen am Schluss. Der Erlösungsteil ist der, in dem einer oder beide eine große charakterliche Veränderung durchmachen, meistens durch eine erhellende Einsicht oder einen Aha-Moment, durch den sie dann zum Happy End kommen. Wir, das Publikum, wissen es oft vor ihnen, was zur dramatischen ›Werden sie oder werden sie nicht‹-Spannung beiträgt.« Er sagte mir, dass nicht nur Filme dem Erlösungsbogen folgen müssen, sondern auch jede Episode einer Serie, wie die supererfolgreichen *Friends* zum Beispiel, einen Minierlösungsbogen hat, oft innerhalb eines größeren Bogens, der sich über mehrere Episoden spannt, wie zum Beispiel: Kommen Rachel und Ross zusammen oder nicht? Wenn Sie sich Filme im Fernsehen anschauen und das im Hinterkopf behalten, wird Ihnen auffallen, wie oft das geschieht (auch wenn es natürlich bemerkenswerte Ausnahmen gibt, meistens Filme, die als »düster« oder »Kunst« gelten und dem wahren Leben ähnlicher sind).

Das Problem mit dem Erlösungsbogen ist, dass er in uns allen eine falsche Hoffnung weckt. Wenn wir junge Erwachsene sind, haben wir normalerweise schon so viel von diesem Kram geschluckt, dass wir sehr oft erwarten, dass die Menschen, die wir lieben, die uns aber oft enttäuschen und uns nicht so lieben, wie wir es uns wünschen, schon noch ihren Moment der Erleuchtung oder erhellenden Erkenntnis haben werden und uns plötzlich so lieben und schätzen werden, wie wir es uns immer erhofft haben. Das geschieht natürlich nur äußerst selten, weil sich Menschen nur sehr langsam ändern, wenn überhaupt. Wie Brad Pitt kürzlich in einem Interview sagte: »Als ich mit dem Filmen angefangen habe, wurde mir beigebracht, dass man einen Charakterbogen haben muss und eine Erleuchtung. Mit den Jahren fand ich das vollkommenen Blödsinn. Wir ändern uns eigentlich nicht, wir entwickeln uns nach und nach weiter.«

Trotzdem glauben wir fest an diese Idee, und dieser Glaube kann uns oft davon abhalten, uns selbst zu verändern (die einzige Veränderung, die wir wirklich kontrollieren können), weil wir darauf warten, dass andere so werden, wie wir sie gern hätten. Ich habe festgestellt, dass das nicht nur für Liebespartner gilt, sondern besonders hartnäckig geglaubt wird, wenn es um Eltern und – etwas weniger stark – Geschwister und natürlich um Freunde geht.

Wenn ich das bei Patienten bemerke und sie bitte, ihre Hoffnungen gegenüber ihren Eltern oder Geschwistern zu beschreiben, dann gehört dazu fast immer die Vorstellung, dass sie a) sich entschuldigen für das, was sie ihnen angetan haben, und b) ihnen sagen, dass sie sie lieben und stolz auf sie sind. Die Traumrede lautet: »Liebling, ich weiß, ich war über die Jahre eine schlechte Mutter/ein schlechter Vater/Bruder/Partner und habe schreckliche Fehler gemacht, aber ich liebe dich mehr als alles andere und bin so stolz auf dich. Bitte vergib mir und lass uns noch mal von vorn anfangen.«

Erlösen Sie sich selbst

Um das Gelassenheitsgebet, das viele Selbsthilfegruppen nutzen, umzuformulieren: Wenn wir unsere Energie darauf verwenden, das zu verändern, was wir verändern können (und das hinnehmen, was wir nicht ändern können, und die Weisheit erlangen, das eine vom anderen zu unterscheiden), dann können wir damit beginnen, unsere *eigene* Erlösung langsam und sanft herbeizuführen.

Entscheidend für das Erreichen der eigenen Erlösung ist es, uns selbst die Liebe und Aufmerksamkeit zuteilwerden zu lassen, die wir uns insgeheim von anderen erhoffen. In einer Fernsehserie der BBC wurde eine Gruppe von Frauen in ein Kloster geschickt, um zu sehen, ob ihnen das irgendwie helfen würde, ihr schwieriges Leben in den Griff zu kriegen. Eine eindrucksvolle Szene blieb mir im Gedächtnis, es ging um eine Frau, die sehr unglücklich war und ständig weinte. Sie hatte bereits erzählt, dass sie eine traurige Kindheit hatte mit einem Vater, der Alkoholiker war, und einer harten und kritischen Mutter. Sie hatte jetzt selbst vier Kinder und manchmal Selbstmordgedanken, und wollte Frieden finden. Sie wurde bei einer Einzelsitzung mit einer sanften Nonne gefilmt, die aussah wie 92 und die Weisheit und Mitgefühl ausstrahlte. »Ich bin mir sicher, dass Sie eine gute Mutter für Ihre Kinder sind«, sagte die liebe Nonne (oder etwas in der Art). »Jetzt müssen Sie sich selbst bemuttern, wie Sie eines Ihrer geliebten Kinder bemuttern würden. Trösten Sie sie, wenn sie Angst hat, ermutigen Sie sie und geben Sie ihr gutes Essen und Ruhe. Sie haben die Fähigkeiten dazu, Sie müssen sie aber auch für sich selbst nutzen.« Die Frau hatte noch nie daran gedacht, aber sie sah ein, dass es helfen könnte. Es war sehr bewegend, sie weinte literweise Tränen und gab zu, dass sie sich selbst gegenüber eine harte und kritische Mutter war (wie ihre eigene Mutter), aber die Idee, für sich selbst eine nette, liebevolle Mutter zu sein – wie für ihre Kinder –, gefiel ihr.

Ich glaube nicht, dass man Kinder haben muss, um diese Fähigkeiten und Qualitäten zu aktivieren. Denken Sie an die kleinen Kinder, die Sie mögen (vielleicht Verwandte oder Patenkinder), und wie Sie mit ihnen umgehen, was Sie zu ihnen sagen, wenn sie aufgeregt oder ängstlich sind. Die Liebe und Fürsorge, die man Haustieren entgegenbringt, ist auch ein gutes Vorbild. Versuchen Sie einfach, sich selbst gegenüber die liebende, aufmerksame Mutter (oder der Vater) zu sein, wie Sie es sich eigentlich von anderen wünschen.

Extreme Selbstfürsorge

Ein Buch, das ich liebe, ist Cheryl Richardsons *The Art of Extrem Self-Care* (Die Kunst der extremen Selbstfürsorge). Der Titel selbst regt zum Nachdenken an, da er darauf hindeutet, dass die Vorstellung, sich gut um sich selbst zu kümmern, echte Risiken, Gefahren und Ängste beinhaltet. Die Vorstellung, unsere eigenen Bedürfnisse zu erkennen und an die erste Stelle zu setzen, und sei es nur ab und zu, fühlt sich so riskant an, dass es einem Extremsport wie Paragliding oder Bungeejumping ähnlich ist.

Bekenntnisse

Einer von Cheryls anspruchsvolleren Vorschlägen ist, dass man die Selbstliebe aufbaut, indem man sich tatsächlich täglich sagt, dass man sich liebt. Sehen Sie jeden Morgen in den Spiegel und sagen Sie: »Ich liebe dich ...« (hier den eigenen Namen einsetzen). Und nicht kichern! Wie schwer ist es, das auch nur zu *lesen,* geschweige denn, es zu tun? Ich konnte zwar den Sinn dahinter erkennen, aber ich versagte schon bei der ersten Hürde, so heftig war meine eigene Abwehr. Doch eine meiner sehr intellektuellen, hochprofessionellen Patientinnen zwang sich dazu. Sie sagte, dass es eine der schwierigsten Sachen gewesen sei, die sie je getan hat (und sie hat Abschlüsse von den weltbesten Universitäten), aber dass es auch unglaubliche Veränderungen verursachte. Sie hatte an fast allen Fronten eine schwere Zeit durchgemacht – Scheidung, schwer gestörte Familie, die keine Unterstützung war, beruflicher Stress, Krankheit und Tod von geliebten Verwandten – und hielt sich gerade so noch aufrecht. Sie sagte mir: »Jemand hat mir vor Kurzem gesagt: ›Du siehst glücklich aus‹, und mir wurde bewusst, dass ich an diesem Morgen *tatsächlich* das erste Mal seit ungefähr 18 Monaten glücklich aufgewacht war.« Natürlich machte sie eine Therapie und durchlief andere Veränderungen in ihrem Leben und ihren Beziehungen, aber sie hatte das Gefühl, dass die Tatsache, dass sie sich jeden Morgen und jeden Abend vor dem Spiegel »Ich liebe dich, Rebecca« sagte, der Schlüssel zur positiven Veränderung war.

Das Bekenntnis, das in »Ich liebe dich« steckt, ist das herausforderndste, dem ich begegnet bin, aber Sie können sich auch andere Bekenntnisse ausdenken, um das anzusprechen, was Sie ändern möchten. Als ich die psychologischen Kurse im Holloway-Gefängnis gehalten habe, waren Bekenntnisse überraschend beliebt und effektiv. Eines der beliebtesten meiner Gruppe lautete: »Ich breche alte Muster und gehe voran.« Die Frauen liebten es, weil es positiv und ermutigend war und für die meisten auch wahr.

Die einzige Richtlinie für die Formulierung eines Bekenntnisses ist, dass es hilfreich ist, wenn es mit »ich bin«, gefolgt von etwas Positivem im Präsens, beginnt. Man könnte also sagen: »Ich lerne, nett und liebevoll zu mir selbst zu sein« oder »Ich lerne, Nein zu Dingen zu sagen, die mir Energie rauben«, oder einfach »Ich bin ein guter Mensch«. Es hilft auch, das Bekenntnis laut oder im Kopf zu sagen. Für den stärksten Effekt sagen Sie es und schauen sich dabei direkt im Spiegel an, und das so oft wie möglich.

Das »Drei gute Dinge täglich«-Tagebuch

Wie ich schon geschrieben habe, fällt es vielen von uns als Erwachsene schwer, Gutes über sich selbst zu denken. Hart und selbstkritisch zu sein ist zu einer in unseren neuralen Wegen im Gehirn eingebrannten Denkgewohnheit geworden. Es ist die Standardeinstellung unseres persönlichen Selbstgesprächcomputers. Ein Tagebuch für drei gute Dinge täglich zu schreiben (oder sie einfach in Ihr Handy einzugeben) wird Ihnen helfen, freundlichere, hilfreichere Denkgewohnheiten zu entwickeln. Es ist wichtig, dass Sie anfangen, Ihre guten Seiten zu sehen und sich dafür zu loben und zu schätzen. Es gehört zu Ihrer eigenen Erlösung – Sie müssen es zuerst für sich selbst tun.

Diese Theorie stammt aus der Bewegung der Positiven Psychologie, die von Martin Seligman und anderen in den 1990er-Jahren begründet wurde. Es geht darum, sich auf unsere Stärken und Stabilität zu konzentrieren anstatt auf Schwächen und Fehler. Die Bewegung hat eine große Menge an Forschungsresultaten zusammengetragen, die zeigen, dass der Perspektivwechsel auf das Positive zu deutlichen Verbesserungen der psychischen Gesundheit führen kann. Indem Sie diese positiven Gedanken in Ihrem »Drei gute Dinge täglich«-Tagebuch aufschreiben, ist es möglich, neue neuronale Verbindungen im Gehirn zu erschaffen. Die Idee dahinter ist, dass Sie, nachdem Sie einige Wochen lang mindestens eine gute Sache notiert haben, die Sie an dem Tag gemacht haben (es ist egal, wenn Sie zu Anfang nicht auf drei Dinge kommen), die neuen, hilfreichen Gedanken über sich selbst denken können, ohne sie unbedingt aufschreiben zu müssen.

Auch wenn Patienten meistens Schwierigkeiten damit haben, berichten diejenigen, die es durchgezogen haben, dass es eine sehr starke Wirkung auf ihr Selbstwertgefühl und ihre Selbstachtung hatte. Es ist nicht so schwer, wie es klingt, wenn einem klar wird, dass man alle möglichen Handlungen und Aufgaben aufnehmen kann, die man sonst heruntergespielt (»Ach, das hätte doch jeder getan«) oder für selbstverständlich (»Aber ich muss ja sowieso kochen«) genommen hätte. Es ist das *Gewöhnliche,* nicht das Außergewöhnliche, das Sie sich notieren sollten.

Für jedes »Ereignis«, das Sie aufschreiben, ergänzen Sie die persönliche Qualität, die Sie dadurch zeigen. Zum Beispiel: »Ich habe Narzissen für den Tisch gekauft. Ich bin kreativ, aufmerksam, sensibel.« Es hilft, sich vorzustellen, wie man großzügig eine gute Freundin beschreiben würde, die dasselbe getan hat. Behalten Sie diese Notizen für sich, um den möglichen Schwall kritischer Stimmen abzuhalten, die jeden positiven Gedanken, den Sie über sich selbst hatten, als trivial, lächerlich, eingebildet, angeberisch etc. abtun wollen. Es kann auch helfen, die Methoden anzuwenden, die ich im vorigen Kapitel vorgestellt habe, um Ihren kritischen Stimmen entgegenzutreten, wenn sie sich melden (siehe Seite 119–126).

Hier sind zur Inspiration ein paar Einträge aus Tagebüchern für drei gute Dinge täglich, die mehrere Patienten großzügig mit uns teilen.

- Ich bin zur Arbeit gegangen, obwohl ich mich krank fühlte. Ich bin zuverlässig und gewissenhaft.
- Ich habe versucht, meinen Vater am Telefon bei Schwierigkeiten zu unterstützen. Ich unterstütze, kümmere mich, bin ehrlich und entschlossen zu helfen.
- Ich habe mich sehr bei einem Sport angestrengt, obwohl es leicht gewesen wäre, es nicht zu tun und nur den sozialen Aspekt zu sehen. Ich bin entschlossen und inspiriert.
- Ich habe eine Liste fürs Studium angelegt. Ich bin organisiert und möchte Erfolg haben.
- Ich habe bei einem Auftritt gesungen. Ich bin selbstbewusst, sensibel und engagiert.
- Ich habe meinen Exfreund getroffen. War mitfühlend und nachsichtig. Habe ohne über ihn zu urteilen zugehört, als er über die Beziehung zu meiner früheren besten Freundin sprach.
- Ich habe heute ein Interview in Gebärdensprache geführt, für einen Auftrag, der mir Angst einjagt. Ich

bin stolz, dass ich ruhig geblieben bin und es trotzdem gemacht habe. Ich bin mutig.

- Eine Nachbarin, die ich noch nie getroffen habe, kam vorbei und wollte ihren Hals untersuchen lassen. Sie war verlegen, sodass ich ihr Mut zugesprochen und sie wegen ihres Halses beruhigt habe. Fremde machen mich nervös, aber ich war trotzdem sehr freundlich und hilfsbereit.

- Ich habe meine Vorgesetzte um ein Treffen gebeten. Ich habe ihr gesagt, dass ich zu viel Arbeit habe, und gefragt, was sich da tun lässt. Sie war erstaunlich hilfsbereit und sagte, dass sie keine Ahnung hatte, dass es ein Problem war. Ich war mutig und ehrlich. Habe mich getraut, um Hilfe zu bitten.

- Habe ein neues Rezept aus dem *Jamie*-Buch gekocht. Die Kinder mochten es nicht, aber ich blieb ruhig. Ich bin experimentierfreudig und achte auf die Gesundheit.

- Habe mit meiner Tochter ferngesehen, wir kuschelten und lachten zusammen. Ich bin ein guter Vater und habe mir Zeit für die Beziehung genommen.

- Bin in letzter Minute nicht zu Fs Konzert gegangen, weil zu müde. Gute Entscheidung! Ich achte gut auf mich und kann immer noch zum nächsten gehen. Wunderbar, ohne Kater aufzuwachen.

- Ich habe ein reduziertes Designertop nicht gekauft, weil ich mich vor einer Freundin geniert habe. Habe heute angerufen und es telefonisch gekauft. Ich habe schnell reagiert, um einen Fehler zu korrigieren. Ich bin dynamisch, erfindungsreich und habe das Gefühl, es nicht wert zu sein, überwunden.

- Habe heute geholfen, einen Streit zwischen T und J zu schlichten. Ich bin eine kreative Problemlöserin und eine gute Mama.
- Habe einer Freundin geholfen, eine andere Perspektive auf mögliche WGs zu bekommen. Ich bin eine gute Zuhörerin, interessiere mich für meine Freunde und möchte ihnen helfen, ich bin aufmerksam, umsichtig, objektiv und kann Vorschläge machen und auf neue Ideen kommen.
- Habe ein Tagebuch für drei gute Dinge täglich für meine Cousine gekauft und als Erstes drei gute Eigenschaften eingetragen, die mir bei ihr auffallen. Ich bin fürsorglich, unterstützend, großzügig, positiv, weil ich möchte, dass sie ihre eigenen guten Eigenschaften erkennt.
- Habe mein vierjähriges Patenkind aufgemuntert, indem ich es auf meinen Knien habe reiten lassen. Ich bin lustig, kann eine Beziehung zu Kindern aufbauen, nicht gehemmt, umsichtig, freundlich und ein bisschen albern!

Die Patientin, von der die letzten drei Beispiele stammen, sagte, dass sie sie jeden Abend aufschrieb, bevor sie schlafen ging, und dass sie viel besser schlief, wenn sie sich auf die positiven Dinge konzentrierte: »Vorher gingen mir ungelöste Probleme und kritische Gedanken durch den Kopf, was es sehr schwierig machte abzuschalten, aber das Tagebuch für drei gute Dinge versetzt mich in eine viel weniger angstbesetzte Stimmung.« Nachdem sie das Tagebuch zweieinhalb Wochen lang geführt hatte, meinte diese junge Frau, dass es ihr Selbstwertgefühl enorm verändert habe. »Mein Gehirn konzentriert sich nun tagsüber auf andere Dinge. Anstatt dass ich mich selbst beschimpfe und mir bestätige: ›Du bist einfach Mist‹, hat sich die Linse, durch die ich mich sehe, verändert, sodass ich nach etwas anderem suche, nämlich: ›Was macht mich glücklich?‹«

Dieses Notizbuch, auch wenn man es nur ab und zu führt, wird zu einer Kraftquelle, an die man sich in schwierigen Zeiten und bei Selbstzweifeln wenden kann. Sie können die Einträge noch einmal lesen und sich daran erinnern, wann und warum Sie sich gut gefühlt haben. Für die meisten Netten scheint Selbstlob stark tabuisiert zu sein, was sie nur sehr widerwillig an diese Aufgabe herangehen lässt. Aber halten Sie durch, es zahlt sich aus.

Der »Tee für einen«-Durchbruch

Eine meiner allerersten Patientinnen war eine unglaublich intelligente, erfolgreiche Karrierefrau und Mutter von drei kleinen Kindern, die nie irgendetwas einfach nur für sich tat. Nach ungefähr sechs Monaten Therapie (sie begründete sie damit, etwas für ihre Kinder verbessern zu wollen), während der sie extrem fleißig daran gearbeitet hatte, die Gedanken-, Gefühls- und Verhaltensmuster zu entdecken, die sie bis zu einer atypischen Depression gebracht hatten, kam sie eines Tages ganz fröhlich an. »Ich habe einen Durchbruch gehabt!«, verkündete sie strahlend. Ich sprang vor Spannung fast auf. Was konnte sie getan haben, um solche Freude auszulösen? »Ich habe mir ein Teeset für eine Person gekauft«, verkündete sie. Ich nehme an, dass ich verdattert ausgesehen haben muss, da ich noch nie von einem Teeset für eine Person gehört hatte (allerdings habe ich mir danach auch eins gekauft). »Was ist das?«, fragte ich. Und meine Patientin beschrieb eine kleine Teekanne, die auf einer passenden Tasse samt Untertasse steckt. »Sie ist groß genug für zwei Tassen«, erklärte sie, dann fügte sie schelmisch lächelnd hinzu: »Aber der Tee ist nur für mich.«

Das war für diese sich selbst aufopfernde Frau eindeutig ein Wendepunkt. Sie brach damit die strikte persönliche Regel, dass sie ihre eigenen Bedürfnisse

157

nie vor die ihrer Familie stellen dürfe (… sonst würde etwas Schreckliches geschehen, wie in ihrer Kindheit). Mit diesem scheinbar trivialen, doch unglaublich mutigen Experiment schaffte sie es, die Macht dieser starken Überzeugung zu brechen. Man könnte sagen, dass ihr rationales, erwachsenes Gehirn dem abergläubischen Gehirn ihres inneren Kindes gezeigt hatte, dass es keine Familientragödie auslöste, wenn sie sich selbst etwas gönnte. Es öffnete den Weg für weitere Experimente, darunter sich eine Auszeit zu nehmen, um zu »Künstlertreffen« zu gehen, um ihre Kreativität anzustoßen (wie im großartigen Buch *Der Weg des Künstlers* von Julia Cameron), und sich über kürzere Arbeitszeiten zu informieren, um mehr Zeit für ihre Kinder und ihr kreatives Schreiben zu haben.

Wie können Sie sich etwas gönnen?

Die Kosmetikmarke L'Oréal monopolisierte eine wichtige Idee, als sie den Slogan »Weil ich es mir wert bin« schuf. Er bezieht sich wieder auf die Vorstellung der Berechtigung. Los, sagt die Werbung, kaufen Sie dieses wunderbare Haarprodukt, Sie sind als wundervoller Mensch so viel wert und sollten sich das Allerbeste gönnen. Bloß dass viele von uns damit kämpfen, dass wir auf einer sehr tiefen Ebene nicht das Gefühl haben, dass wir Zeit, Energie, Geld und Liebe auf uns selbst verschwenden können. Wir fühlen eigentlich genau das Gegenteil dessen, was L'Oréal uns sagt: Nämlich dass wir etwas sehr Gutes oder Besonderes gar nicht wert sind. Und wie ich bereits geschrieben habe, geben Nette so oft ihre Zeit, Energie, Geld und Liebe anderen und behalten nichts für sich. Aber jetzt, für Ihre geistige und körperliche Gesundheit, Ihr Glück und Wohlbefinden, ermutige ich Sie, genau das zu tun.

Was ist Ihr Teeset für eine Person? Es ist nicht einfach, etwas vorzuschlagen, da jedem etwas anderes guttut, aber hier ein paar Beispiele von meinen Patienten: schwimmen, luxuriöse Bäder nehmen, Rollerblades fahren, tanzen (Stepptanz, Zumba, Paartanz, Salsa), laufen (Marathon oder einfach eine Runde durch den Park), schreiben, malen, Galerien besuchen, Musikfestivals besuchen, reiten, mit dem Hund spazieren gehen, Massagen, Chorsingen, mit Freunden etwas unternehmen (etwas anderes, als abends beim Wein über Probleme zu sprechen), in die Natur gehen, ans Wasser … die Liste ist endlos und sehr persönlich. Ich ermutige die Leute dazu, sich an die Dinge zu erinnern, die sie als Kind oder junger Erwachsener genossen haben, und zu überprüfen, ob sie die heute wieder tun können. Es kann sein, dass das in leicht abgewandelter Form geschieht – zum Beispiel einen Tanzkurs zu besuchen anstatt eine Disco –, aber es kann dieselben

Gefühle von Freude und Freiheit verschaffen, die Kraft und Energie geben.

Die Patientin, deren Selbstwertgefühl durch das »Drei gute Dinge täglich«-Tagebuch verändert wurde, hatte sich auch sehr bemüht, Aktivitäten zu finden, die ihr Vergnügen und sinnliche Freude bereiteten. Sie hatte ihren Körper über Jahre mit einer Kombination aus hohen akademischen Leistungen, langen, harten Bürostunden, einem freudlosen Fitnessstudioprogramm und dem Wechsel von Hungern und Fressanfällen ignoriert oder bestraft. Vier Monate nach Beginn unserer Therapie hatte sie folgende Veränderungen eingeleitet: Sie hatte mit Badmintonstunden begonnen, die Spaß machten und gesellig waren, sich für einen Achtsamkeitskurs und Yogastunden angemeldet, sie ging eine Woche lang auf eine Fitness-Farm, wo man ihr Vorschläge für genüssliches und gesundes Essen und Training machte, und schließlich hatte sie einen Anfängerworkshop für Tantra-Sex besucht. Sie hatte auch wunderbar duftende Bade- und Körperpflegeprodukte gekauft und leckeres, gesundes Essen, um sich und ihre Sinne zu verwöhnen. Als ich sie nach einer Feiertagspause wiedersah, glühte sie vor Lebenskraft, Energie und Begeisterung. Sie dankte mir, dass ich sie diese neuen Interessen in ihrem eigenen Tempo hatte finden lassen: »Hätten Sie in den ersten Sitzungen gesagt, dass ich diese Dinge tun *muss,* hätte ich mich völlig quergestellt und es niemals getan. Stattdessen haben Sie mir nur gesagt, dass ich darauf achten solle, was mir Energie bringt, und das habe ich getan.«

Und was bringt Ihnen Energie? Das klingt zu Anfang vielleicht etwas merkwürdig, aber es bezieht sich auf die Ideen aus dem vierten Kapitel und darauf zu hören, was der Körper einem sagt. Wenn jemand einen Vorschlag macht oder eine Bitte äußert, dann ist es sehr wahrscheinlich, dass etwas in Ihrem Körper positiv oder negativ reagiert – ich nenne das: die Energie steigt oder sinkt. (Für viele Leute befindet sich dieses Gefühl in ihrem Bauch, daher der Ausdruck »Bauchgefühl«.) Es passiert praktisch unmittelbar, und oft bemerken wir es nicht oder übergehen es.

Wenn Sie nach Aktivitäten suchen, die Ihr Selbstwertgefühl aufbauen, achten Sie darauf, wovon Ihre Aufmerksamkeit geweckt wird und was Ihr Interesse – oder Ihre Energie – steigen lässt. Dann fangen Sie in Ihrem eigenen Tempo an, diese Hinweise Ihres Körpers (oder möglicherweise Ihres Unterbewussten) praktisch umzusetzen. Welche Aktivität spricht Sie an, sodass Sie sie ausprobieren möchten? Versuchen Sie, die Dinge im Voraus in Ihren Kalender einzutragen, und verschieben Sie sie nicht, weil man Sie bittet, etwas zu tun. Legen Sie Ihre Priorität auf die Veränderung, und beobachten Sie, wie sich dadurch langsam tief verwurzelte Wertvorstellungen verändern.

Bewerten Sie Ihren Tag

Eine der Ideen, die ich begeistert aus meinem Achtsamkeitsmeditationskurs mitgenommen habe, ist die Übung »Bewerte deinen Tag«. Ich habe das inzwischen schon vielen Patienten beigebracht, die fanden, dass es einfach, aber sehr effektiv ist. So funktioniert es:

- Machen Sie eine Liste aller Aufgaben und Aktivitäten Ihres Tages, dann bewerten Sie sie als entweder anstrengend, meisterlich (wo Sie sich kompetent fühlen) oder vergnüglich, indem Sie den Buchstaben A, M oder V danebenschreiben.
- Dann überlegen Sie, wie Sie einige der Dinge, die Sie als anstrengend empfinden, zu meisterlichen oder vergnüglichen Dingen machen können.

Die Kursteilnehmer hatten alle möglichen Vorschläge, aber es war interessant zu sehen, dass etwas für den einen anstrengend und für den anderen vergnüglich sein konnte. E-Mails waren für die meisten zum Beispiel anstrengend, aber ein paar bewerteten sie als meisterlich, weil sie sich gut fühlten, wenn sie sie erledigt hatten. Eine Frau sagte sogar, dass E-Mails für sie vergnüglich sind, weil sie nie weiß, wer sie kontaktiert und welche Überraschungen und Abenteuer in ihrem Postfach auf sie warten. Noch so ein Punkt war das

Pendeln, viele empfanden es als anstrengend, aber jemand schlug vor, dass es vergnüglich werden kann, wenn man seine Lieblingsmusik oder einen Podcast hört oder ein Buch liest. Andere Vorschläge waren, sich Zeit zu nehmen und sein Lieblingsgetränk morgens wirklich zu riechen und zu schmecken; ein toll duftendes Duschgel zu benutzen und sich am Duft zu erfreuen; sich einzucremen und das Gefühl zu genießen; sich wann immer möglich die Natur um uns herum anzusehen; auf den Vogelgesang zu hören, wenn man morgens das Haus verlässt ...

Bei vielem geht es darum, unsere fünf Sinne zu benutzen. Oft scheinen wir Gerüche, Berührungen, Geschmack und Geräusche zu ignorieren, da wir uns vor allem auf unsere Sehkraft konzentrieren. Und oft beißen wir die Zähne zusammen und schalten unsere sinnliche Wahrnehmung ab, um Dinge einfach nur zu erledigen, wodurch wir uns eines potenziellen üppigen Erlebnisses oder sogar unerwarteter Freude berauben.

Sprechen Sie mit Ihrem inneren Kind

Das bezieht sich auf die Vorstellung, die hinter dem Rat der Nonne für die verzweifelte Frau in der Fernsehserie steckt (siehe Seite 147), aber es geht noch einen Schritt weiter, und Sie treten Ihrem jüngeren Ich gegenüber, als befände es sich tatsächlich im selben Zimmer.

Ich habe das zum ersten Mal versucht, nachdem meine klinische Supervisorin Dr. Lynne Jordan es mir empfohlen hatte. Ich hatte mit einer besonders wütenden Patientin gesprochen, die mich so einschüchterte, dass ich schließlich Angst vor den Sitzungen bekam, auch wenn ich trotzdem spürte, dass sie ein Mensch voller Leid und Schmerzen war, der meine Hilfe verdiente. »Es ist dein inneres Kind, das sich fürchtet«, sagte Lynne. »Was kannst du ihr sagen, damit sie sich sicher fühlt, bevor diese Patientin kommt?« Was für eine komplett bescheuerte Frage, dachte ich (heimlich natürlich, da ich meine Gedanken ganz klassisch für eine Nette zensierte). »Ich habe keine Ahnung«, erwiderte ich. »Wie wäre es damit: Diese einschüchternde Patientin kommt gleich, am besten, du gehst in ein anderes Zimmer und spielst, während ich mich darum kümmere«, schlug Lynne in ihrer direkten Art vor.

Ich ging fort und war absolut nicht überzeugt. Aber ich erinnerte mich an den Vorschlag, kurz bevor die Patientin in der nächsten Woche wiederkam, und dachte: Ich habe nichts zu verlieren, also kann ich es auch mal ausprobieren. Ich sagte meinem inneren Kind (ich stellte mir mich selbst mit ungefähr drei Jahren vor), dass ich mich um den angsteinflößenden erwachsenen Kram kümmern würde und sie gehen und im Nebenzimmer spielen oder schlafen könne, ich würde darauf achten, dass sie sicher sei. Und raten Sie mal? Es hat super funktioniert. Ich glaube, es hat den prälogisch denkenden Teil meines Gehirns – den Teil, den ich Kleinkindpanik genannt habe (eine riesige Furcht vor Wut, Konflikten, Konfrontation und Ablehnung) – von meiner Fähigkeit zum erwachsenen, rationalen Denken abgetrennt. Sodass ich in der Lage war, in meinem Behandlungszimmer zu sitzen und all meine erwachsene Ausbildung, meine Fähigkeiten und Erfahrungen zu nutzen, während die kleine (ängstliche) Jacqui (metaphorisch) sicher im Nebenzimmer war.

Ich habe diese Methode seitdem zahlreichen Patienten erklärt, denn bei vielen, die am Fluch des Nettseins leiden, gibt es eine Version der Kleinkindpanik. Beruhigend zu sprechen, um dem inneren Kind ein Gefühl von Sicherheit zu verschaffen, ist eine sehr praktische und hilfreiche Strategie. Aber für manche Nette ist die traumatische Zeit ihres Lebens das Teenageralter, für sie könnte es also hilfreicher sein, mit ihrem inneren Teenager zu sprechen.

Sarah spricht mit ihrem Teenager-Ich

Sarah, der wir im zweiten Kapitel begegnet sind, hatte das Gefühl, in ihrem Leben festzustecken, teilweise wegen der einschränkenden Überzeugungen, die sie in ihren schwierigen Teenagerjahren angenommen hatte, als sie die »fette, aber nette Freundin« war und immer annahm, dass die Jungen nur mit ihr redeten, um an ihre hübsche beste Freundin ranzukommen. Sie stimmte zu, in der Sicherheit einer Therapiestunde mit ihrem 15-jährigen Ich zu sprechen, um auszuprobieren, ob das etwas verändern würde.

Wie die meisten Patientinnen, denen ich das vorschlage, war Sarah zunächst verlegen und skeptisch. Ich bat sie, sich ihr jüngeres Ich auf dem leeren Stuhl im Zimmer vorzustellen, ihre Augen zu schließen und die junge Sarah zu visualisieren und anzusprechen. »Können Sie ihr drei nette Dinge über sie sagen?«, fragte ich. »Rücksichtsvoll, großzügig und ziemlich positiv«, sagte sie schnell. Ich sagte ihr, dass sie ruhig mehr sagen könne: »Die 15-jährige Sarah sitzt da und möchte wissen, was Jungs eventuell in ihr sehen. Sie sind ihre gute Fee, was sagen Sie ihr?« Sie lachte, dann sagte sie: »Sarah, es wird gut werden. Es geht nicht nur ums Aussehen. Du bist leidenschaftlich, witzig und interessant. Die Leute mögen dich, und das wird dich weit bringen.«

Sarah sagte später, dass das eines der schwierigsten Dinge gewesen sei, die sie je getan habe. »Es tat so weh. Aber ich habe versucht, es auf eine positive Art zu nutzen, und ich habe mir das Mädchen als getrennte Person vorgestellt, eine, der ich helfen möchte.«

Sarah machte mehr Sport und trank weniger Alkohol. Ihr neues Ziel war, ein bisschen was in Gesellschaft zu trinken, aber nicht mehr die Letzte auf der Party zu sein. »Ich habe den Leuten immer erzählt, dass ich ohne Pinot Grigio keine Persönlichkeit habe, aber ich weiß, dass das nicht stimmt. Meine lustige Seite ist eigentlich die ganze Zeit über hier. Meine Kollegen mögen mich, und ich weiß, dass ich eine Gruppe bereichere.« Sie meldete sich bei einem Spaßlauf an und wurde Mitglied in einem Laufverein, wo ihr langsam (sehr langsam) klar wurde, dass manche Männer sich für sie interessierten, obwohl sie völlig nüchtern war, Joggingkleidung trug und ihr Schweiß in die Augen tropfte.

Mit dem inneren Kind oder Teenager zu sprechen ist kein einmaliger Therapietrick. Immer, wenn Sie Angst aufsteigen spüren, ist es wahrscheinlich, dass sie von Ihrer Kleinkind- oder Teenager-Panik ausgelöst wurde.

Erinnern Sie sich in diesen Momenten daran, beruhigend mit diesem jüngeren Ich zu sprechen, das kann Sie fast wie durch ein Wunder ruhiger machen und Ihnen ermöglichen, auf Ihr kreatives, problemlösendes Erwachsenengehirn zuzugreifen.

Eine Freundin, die eine besonders traumatische Trennung durchmachte und sich verlassen und einsam fühlte, sagte, dass sie im Auto herumgefahren sei und sich vorgestellt habe, die Hand ihres sechsjährigen Ichs (so alt war sie bei der Scheidung ihrer Eltern) zu nehmen, als säße es auf dem Beifahrersitz neben ihr. »Schon gut«, sagte sie dann liebevoll. »Es wird alles gut. Ich kümmere mich um dich.«

Zusammenfassung

In diesem Kapitel habe ich eine Reihe von Methoden beschrieben, die dabei helfen können, ein besseres Selbstwertgefühl aufzubauen. Zur Erinnerung:

- Werden Sie zu Ihrer eigenen »Erlösung« und geben Sie sich die Liebe und Freundlichkeit, die Sie sich immer von anderen erhoffen.
- Formulieren Sie positive Bekenntnisse über sich selbst und sagen Sie sie regelmäßig (aber im Privaten).
- Führen Sie ein »Drei gute Dinge täglich«-Tagebuch, um darauf zu achten, was Sie gut machen, und sich dafür zu loben.
- Überlegen Sie sich, wie Sie sich verwöhnen können – und genießen Sie es *ohne Schuldgefühle.*
- Bewerten Sie die Aktivitäten Ihres Tages mit einem »A« für anstrengend, einem »M« für meisterlich oder einem »V« für vergnüglich, dann überlegen Sie sich, wie Sie aus einigen der A M oder V machen können.
- Versuchen Sie, beruhigend und ermutigend mit Ihrem inneren Kind oder Teenager zu sprechen, wenn Sie sich ängstlich oder einsam fühlen.

7. Kapitel:

Polieren Sie Ihr Handwerkszeug

Vor ein paar Tagen erzählte eine Patientin von einem schwierigen Gespräch, das ihr bevorstand. Sie wollte eine Fortbildung ihrer Firma kritisieren, weil sie fand, dass die schlecht durchgeführt worden war und ihr Selbstvertrauen geschwächt hatte. »Ich möchte mich bei der Personalabteilung beschweren, aber ich weiß nicht, wie ich das richtig anstellen soll. Ich habe solche Angst davor, es falsch zu machen und irgendwie bestraft zu werden. Ich bräuchte wohl Ihre Hilfe, um das richtige Handwerkszeug aus meiner Werkzeugkiste zu wählen.«

Ich fand das eine so gute Metapher, dass wir ein bisschen damit herumspielten. Was dachte sie denn, welche Art von Werkzeug sie dafür brauche? »Nun«, sagte sie nachdenklich, »es scheint recht heikel zu sein, ich brauche also wahrscheinlich so was wie einen kleinen Schraubenzieher. Aber während ich nach dem richtigen suche, habe ich Angst, dass ich stattdessen nach der Kettensäge greife und es zu einem großen Massaker kommt. Überall Blut, wie im Film!«

Hier also eine Auflistung einiger Werkzeuge, die Sie vielleicht hilfreich finden, wenn Sie sich darauf vorbereiten, auf eine neue und andere Art zu handeln und zu kommunizieren. Wahrscheinlich kennen Sie einige davon bereits, andere sind eventuell neu für Sie. Die Wahl ist sehr individuell, wählen Sie also die, von denen Sie annehmen, dass sie in der bevorstehenden Situation am nützlichsten sind. Danach denken Sie daran, sie poliert und bereit zum Einsatz in Ihrer Werkzeugkiste aufzuheben.

Zugang zu Ihrem mutigsten Ich

Eine meiner liebsten therapeutischen Übungen nennt sich Bestandsaufnahme der zuverlässigen Stärken. Ich habe sie kennengelernt, als ich die Konstrukttheorie (die George Kelly ab den 1960er-Jahren entwickelt hat) studierte und sie anpasste, um sie bei meinen Gruppen im Holloway-Gefängnis einzusetzen.

Kellys Grundidee ist, dass wir alle »Stärken« haben (manche nennen sie Resilienz) und dass diese »zuverlässig« sind, unser ganzes Leben lang, wir können immer auf sie zurückgreifen, sie sind immer da, auch wenn sie vielleicht in einer Phase unseres Lebens, in der wir uns nicht sehr stark gefühlt haben, schliefen. Diese Übung hilft Ihnen, diese Eigenschaften zu identifizieren und eine »Bestandsaufnahme« oder Liste zu erstellen, auf die Sie in Krisenzeiten, wenn Sie Ihr Selbstvertrauen stärken müssen, zurückgreifen können. Sie ähnelt daher sehr dem »Drei gute Dinge täglich«-Tagebuch aus dem letzten Kapitel, aber sie bezieht sich auf persönliche Beweise aus der Vergangenheit anstatt der Gegenwart.

Denken Sie an etwas, das Sie in der Vergangenheit getan haben und worauf Sie stolz sind, egal wie unbedeutend es anderen auch erscheinen mag. Es könnte Hilfe für einen Freund sein, dass Sie an etwas Schwierigem drangeblieben sind oder dass Ihre Arbeit in der Schule öffentlich ausgehängt wurde. Versuchen Sie, mindestens drei Dinge zu notieren, dann schreiben Sie daneben die Eigenschaften (oder zuverlässigen Stärken), die sich darin zeigen. Irgendetwas lässt sich immer finden. Indem Sie dieses Buch gekauft haben und lesen, versuchen Sie zum Beispiel, etwas in Ihrem Leben zu verändern, mit dem Sie nicht glücklich sind. Das zeigt die Eigenschaften Entschlossenheit, Initiative und Mut. Lassen Sie nicht zu, dass die kritischen Stimmen Ihre Ideen miesmachen.

Seien Sie Ihr eigener Cheerleader

Das bedeutet, Ihre zuverlässigen Stärken in einer einfachen, aufmunternden Aussage, die zur Situation passt, zusammenzufassen. Welchen Spruch oder Slogan können Sie sich sagen, bevor Sie diesen schwierigen Anruf angehen, dieser schwierigen Person gegenübertreten oder sich in einer schwierigen Situation wiederfinden, die größeres Selbstvertrauen verlangt?

Eine meiner Workshopteilnehmerinnen fand folgende Worte, die sie sich sagte, wenn sie einem patzigen (jungen) Dienstleister gegenüberstand: »Komm schon, du kannst das! Du bist alt genug, seine Mutter zu sein. Es wird gut gehen.« Andere riefen sich ihre unterstützende Person ins Gedächtnis (wie Kirstys Oma in der Übung zum Entmachten ihrer kritischen Stimmen auf Seite 123) mit Aussagen wie: »Du bist toll! Nur los!« Es kann auch wirklich helfen, sich an die persönliche Unabhängigkeitserklärung aus dem fünften Kapitel zu erinnern. Es kann in einem kritischen Moment sehr viel Kraft geben, sich etwas zu sagen wie »Ich habe das Recht, mich an die erste Stelle zu setzen« oder »Ich habe das Recht, Nein zu sagen«.

Körpersprache

Die Forschung hat immer wieder gezeigt, dass wir mehr Informationen durch nonverbale Kommunikation – oder Körpersprache – erhalten als durch jede andere. Albert Mehrabian, ein Pionier der Körperspracheforschung, hat das Verhältnis so eingeschätzt: 55 Prozent Körpersprache, 38 Prozent vokale Kommunikation (vor allem der Tonfall) und nur 7 Prozent die tatsächlich gesprochenen Worte.

Wenn Sie also daran denken, etwas zu sagen, das von Ihrer üblichen Art der Kommunikation abweicht und deswegen schwierig zu sein scheint, kann es hilfreich sein, sich auf die Botschaften zu konzentrieren, die Ihr Gesicht, Ihr Körper und Ihre Stimme senden, noch bevor Sie an die eigentlichen Wörter denken, die Sie vielleicht benutzen müssen.

Haltung

Wenn Sie aufrecht und gerade stehen und den Menschen in die Augen schauen, werden Sie sich selbstbewusster fühlen und das auch auf andere ausstrahlen. Wenn Sie ein schwieriges Telefonat führen müssen, versuchen Sie mal, das im Stehen zu tun. Dadurch werden Sie sich stärker fühlen, und das wird auch in Ihrer Stimme hörbar sein. Ganz ähnlich kann es hilfreich sein aufzustehen, wenn Ihr Chef zu Ihnen an den Schreibtisch kommt, sodass Sie auf Augenhöhe miteinander sprechen und nicht den Nachteil haben, dass er wortwörtlich von oben herab mit Ihnen spricht.

In meinen Selbstbehauptungstrainings in Holloway machten wir immer eine Übung, bei der die Frauen mit hängenden Schultern und nach unten gerichtetem Blick im Zimmer umhergingen, und dann bat ich sie, aufrecht weiterzugehen und Augenkontakt herzustellen. Sie berichteten, dass sie eine deutliche körperliche Veränderung spürten, sie fühlten sich besser, stärker und selbstbewusster, während sie herumgingen und so taten, als seien sie genau das. »Durch Schein zum Sein«, wie eine der Insassinnen sagte (ganz ohne Ironie, dabei saß sie wegen Betrugs).

Elternschulen, die ich besuchte, als meine Kinder klein waren, unterrichteten eine ähnliche Haltung, um ruhige Autorität auszustrahlen: »Stellen Sie sich vor, Sie wären ein prächtiger Baum oder ein Fels«, sagte der Kursleiter. »Bleiben Sie fest und sicher stehen, in der Erde verwurzelt.« Ich fand besonders das Baumbild hilfreich, da es bedeutet, dass man in der Erde verwurzelt ist und doch nicht völlig unflexibel.

Falls Sie schon mal einen Kurs zu Schauspiel, Bewegung, Tanz, Yoga oder Pilates belegt haben, hat man Ihnen wahrscheinlich gesagt, Sie sollen Ihre Bauchmuskeln anspannen, die Schultern nach hinten ziehen und sich einen Faden vorstellen, der Sie vom Scheitel aus nach oben zieht. Sie können diese Methode benutzen oder – wie üblich – das, was bei Ihnen am besten funktioniert.

Mikrosignale

Darauf achten Polizisten bei der Vernehmung oder auch Pokerspieler, um zu sehen, ob Verdächtige die Wahrheit sagen oder Gegner bluffen. Sie erkennen an winzigen Veränderungen im Gesicht, besonders an den Augen, wenn das, was Menschen sagen, und das, was sie denken, nicht übereinstimmt oder sich widerspricht.

Wenn Sie etwas Schwieriges zu sagen haben, versuchen Sie, sich bewusst zu sein, dass Ihr Gesicht und Körper vielleicht Botschaften senden, die nicht zu den Worten passen, die Sie aussprechen. Versuchen Sie stetig Augenkontakt zu halten, nicht zu zappeln und nicht mit Ihrem Mund oder Ihren Ohren zu spielen. Ein paar tiefe Atemzüge helfen dabei, die Anspannung in Gesicht, Augen und Kiefer zu lösen.

Rationieren Sie das wundervolle Lächeln

Natürlich ist eines der größten Mikrosignale, das bedeuten kann, dass wir nicht meinen, was wir sagen, unser Lächeln.

Ich will aber gar nicht Ihr Lächeln miesmachen. Wahrscheinlich sehen Sie es als eines Ihrer besten Attribute an und haben das auch oft von anderen gehört. Ich habe den größten Teil meines Lebens durchgehend gelächelt, und es hat mir sicher viele Türen geöffnet (und mich ein Vermögen an Antifaltencremes gekostet, da die Gewohnheit sich fest in meine Haut eingegraben hat, in Form von Krähenfüßen und jetzt auch Linien um meinen Mund, durch die ich wie eine Holzpuppe aussehe).

Die meisten Netten neigen dazu, es mit dem Lächeln zu übertreiben. Es ist meistens eine tief verwurzelte Angewohnheit, und wir denken oft, dass es unsere Chancen, unsere Bedürfnisse zu befriedigen, erhöht: Ich lächle, Sie mögen mich, Sie wollen nett zu mir sein und mir weiterhelfen. Wir wissen auch, dass es die Menschen auf einer gewissen Ebene in Sicherheit wiegt: Es heißt, dass die Ursprünge des Lächelns im Zähneblecken der Affen liegen, die ihre Oberlippe zurückziehen, um so zu signalisieren, dass sie für Angreifer, die auf einen Kampf aus sind, keine Bedrohung sind – ein nonverbales Zeichen der Unterwerfung.

Auch wenn Ihr wundervolles Lächeln nicht verkehrt ist – viele Leute sind deswegen grün vor Neid –, Sie müssen Optionen haben, und Sie müssen sie einüben. Können Sie lächeln, wenn Sie sich *bewusst* dafür entscheiden? Und noch wichtiger, können Sie sich dafür entscheiden, *nicht* zu lächeln?

Als meine Freundin Hilary eine Fortbildung für Lehrer der Sekundarstufen machte, warnten die Kursleiter davor, dass sie eine falsche Botschaft ausstrahlte, wenn sie im Klassenzimmer zu viel lächelte – die Schüler würden sie dann für ein »Weichei« halten und für einen leichten Gegner, und ehe sie sich's versah, hätte sie die Kontrolle und Autorität verloren, was sehr schwierig wiederzugewinnen ist. Den Lehrern wurde also gesagt, dass sie sich vor der Klasse ihres Gesichtsausdrucks sehr bewusst sein müssten. Der Rat, den Hilary am einprägsamsten und hilfreichsten fand, besonders für ihre erste Stelle an einer anspruchsvollen Gesamtschule, war: »Bis Weihnachten nicht lächeln.« Das bedeutete, dass man ab dem Schulbeginn im September so tut, als sei man eine strengere, weniger verträgliche Version des eigenen Ichs, und zwar bis zu den Weihnachtsferien, um so Autorität zu etablieren und hoffentlich Respekt zu bekommen. Dann könne man nach den Ferien vielleicht sein wahres Ich ein bisschen stärker zeigen, inklusive einem Lächeln ab und zu. Hilary, die von Natur aus ein enthusiastischer und oft lächelnder Mensch ist, fand das sehr wertvoll. »Es ist ein ziemlich gängiges Spiel, dass eine Klasse versucht, den neuen Lehrer aus der Fassung zu bringen. Autoritäre Körpersprache einzusetzen hat mir definitiv dabei geholfen, die Kontrolle zu behalten«, sagte sie mir.

Elternkurse geben ähnliche Ratschläge. »Tun Sie so, als seien Sie böse, bevor Sie wirklich wütend werden«, sagte uns Tamar, die Leiterin des Kurses, den ich besuchte. »Wenn wir wütend sind, haben wir bereits die Kontrolle verloren, und das jagt sowohl uns als auch dem Kind Angst ein, da es die Gefahr spürt, die vom unvorhersagbaren Verhalten ausgeht, wenn ein Erwachsener die Kontrolle verliert.« In Rollenspielen während des Elternkurses versuchte ich etwas Ernstes zu sagen (»Ab ins Bett, sofort«) und ruinierte es mit einem bittenden Lächeln. »Durch das Lächeln am Ende senden Sie gemischte Signale«, sagte Tamar. »Sie müssen nicht böse oder fies sein. Sagen Sie es einfach in einem ruhigen, gleichmäßigen Tonfall. Und lächeln Sie am Ende nicht. Sie ordnen es an, Sie bitten nicht.« Das fiel mir anfangs sehr schwer (und mehreren anderen Kursteilnehmern auch). Aber wenn man es geübt hat und besonders in Kombination mit der Körperhaltung (»Ich bin ein Fels«) und der Technik der kaputten Platte (siehe Seite 188 für Einzelheiten) ist es überraschend machbar und erstaunlich effektiv. Heute, 15 Jahre später, halte ich mit ernstem Gesichtsausdruck eine kurze, ruhige Ansprache über die Hausregeln, wenn Kinder zum Übernachten kommen. Und es scheint für sie okay zu sein. Sie wissen, wo sie stehen, und es ist wahrscheinlich angenehmer, als um drei Uhr nachts einer brüllenden Mama mit Schlafdefizit zu begegnen, während sie gerade den Kühlschrank ausräumen.

Lassen Sie das Geschwafel

Versuchen Sie, direkt zu sein: Lassen Sie das Geschwätz weg und auch die komplizierte Hintergrundgeschichte. Wir verwechseln klar und deutlich zu sprechen oft mit unhöflich und derb. Wir leben in einer Gesellschaft, in der die indirekte Kommunikation oft die Norm ist, besonders für Frauen, man deutet an, provoziert Schuldgefühle und säuselt, um die Leute dazu zu bringen, auf unsere unausgesprochenen Bedürfnisse zu reagieren. Und dann schmollen wir, beschweren uns oder sind sarkastisch, wenn sie es nicht tun. Oft ist das Letzte, was wir tun, tatsächlich zu *sagen*, was wir wollen.

Ich habe das oft so gemacht, wenn ich etwas Schwieriges sagen oder fragen wollte, meine inspirierende Therapeutin Jocelyn Chaplin war die Erste, die mich je direkt (ruhig und deutlich) darauf ansprach. Einmal wollte ich eine Therapiesitzung verschieben, ich habe ihr ungefähr zehn Minuten lang eine endlose, komplizierte Geschichte erzählt, dass das Schulhalbjahr vorbei sei und ich einen meiner Söhne zum Flughafen bringen müsse, weil er einen Freund in Spanien besuchen wollte und bla, bla, bla, rhabarber, rhabarber ... dabei sah ich die ganze Zeit zu Boden oder zur Seite, aber ihr nicht in die Augen, ab und zu schaute ich mit einem gewinnenden (bittenden?) Lächeln auf. Am Ende meiner Geschichte blickte sie mir in die Augen und sagte: »Jacqui, ich weiß nicht, worum du mich bittest.« Ich sah wahrscheinlich ein bisschen verdutzt und verletzt aus, sodass sie sehr sanft hinzufügte: »Worum möchtest du mich bitten? Kannst du das deutlich sagen?« Ich hielt inne und dachte nach. (Das ist einer der großen Vorteile einer Therapie, es ist ein sicherer Ort, an dem man üben kann, etwas auf eine andere Weise zu machen, besonders wenn es um das Verhalten und die Kommunikation mit anderen geht). Mir wurde bewusst, dass es sich für mich sehr riskant anfühlte, sie direkt um etwas zu bitten, ich vermute, das Risiko lag darin, dass sie böse auf mich sein könnte, weil ich um das bat, was ich wollte. Aber ich atmete ein paar Mal tief durch, ging im Kopf durch, was ich eigentlich – in einem einzigen, eindeutigen Satz – fragen wollte, und sagte schließlich: »Jocelyn, können wir den Termin nächste Woche auf später verschieben, sagen wir auf 13 Uhr?« Soweit ich mich erinnere, hat sie dann gesagt, dass es nicht möglich sei, aber dass ich ganz absagen könne.

Dann sprachen wir über die Wirkung auf die andere Person, wenn wir unsere Bitten oder Ablehnungen mit irrelevanten Informationen und Geschwafel verschleiern und in Watte packen. (Überlegen Sie mal, wie es ist, wenn eine lange, ausgeschmückte Bitte oder Ablehnung an Sie gerichtet wird.) Es ist verwirrend und irritierend. Manchmal sind wir am Ende unsicher, um was man uns bittet oder was uns gesagt wird, und manchmal haben wir den roten Faden verloren und langweilen uns, und unsere Gedanken sind schon beim abendlichen Fernsehprogramm.

Die richtigen Worte finden

Ein Großteil unseres Problems, eine Bitte nicht ablehnen zu können oder nicht um das zu bitten, was wir eigentlich wollen, ist, dass wir nicht wissen, wie wir es ausdrücken sollen, und dass wir keine oder kaum Übung darin haben.

Ich habe vor Kurzem eine alte Freundin getroffen, die eine sehr dynamische und erfolgreiche Geschäftsfrau ist, sie hat in den 18 Jahren, die ich sie kenne, viele Projekte angestoßen und geleitet und viele Leute angestellt. Sie war auf dem Weg zum Treffen mit einem neuen Kontakt, der ihr Arbeit als Beraterin anbot. »Wie viel berechnest du ihm?«, fragte ich plaudernd. Sie sah verlegen und ein bisschen erstarrt aus, wie wenn man sein sechsjähriges Kind fragt, ob es eine frische Unterhose anhat. Es gab eine unangenehme Stille, während sie unruhig zu Boden sah. »Du hast es noch nicht angesprochen, oder?«, fragte ich erstaunt. »Ich kann es nicht«, sagte sie. »Ich kann es problemlos für andere, aber nicht für mich selbst.«

Dann machten wir ein Rollenspiel, bei dem ich sie bat, mir in die Augen zu sehen und ruhig und deutlich etwas zu sagen wie: »Mein aktueller Tagessatz für die Beratung beträgt 500 Pfund.« Aber sie schaffte es nicht, das klar zu sagen, also schlossen wir einen Kompromiss: »Was möchten Sie für die Arbeit zahlen?« Sie konnte nicht einmal das Wort »zahlen« über die Lippen bringen, also beließen wir es bei: »Was ist der übliche Tagessatz für diese Arbeit?« Sie schrieb mir später eine SMS, das Treffen sei richtig gut gelaufen, und es sei relativ einfach gewesen, die Worte auszusprechen, nachdem sie sie mit mir geübt hatte. »Es ging darum, sie das erste Mal überhaupt über die Lippen zu bekommen, sie schienen dort einfach festzuhängen.«

Tonfall

Der ist so wichtig, weil durch ihn so viele Metakommunikationssignale ausgesandt werden, die weit über das hinausgehen, was die Worte selbst ausdrücken. Als Beispiel: Sie müssen Ihrer Mutter/Freundin/Schwester/Frau sagen, dass Sie an einer wichtigen Geburtstagsfeier nicht teilnehmen können. Wenn Sie »Ich muss mit dir über Joes Geburtstagsfeier reden …« in einem zögerlichen, bittenden, unsicheren oder beschwichtigendem Tonfall sagen, dann öffnen Sie den Weg, um überredet, beschämt, manipuliert oder durch Schuldgefühle zu einer Meinungsänderung gebracht zu werden. Versuchen Sie jetzt mal, den Satz mit Überzeugung und Sicherheit in einem klaren, ruhigen, kräftigen Tonfall zu sagen. Fühlen Sie da nicht, dass Sie *selbst* das, was Sie sagen, viel eher akzeptieren würden? Fügen Sie die Regeln vom »eleganten Nein« (siehe Seite 184) hinzu, und die Chancen sind gut, dass Sie im besten Fall beide das Gefühl haben, dass Ihre Bedürfnisse auf eine kreative, für beide gewinnbringende, problemlösende Art berücksichtigt wurden, ansonsten haben Sie gesagt, was Sie sagen mussten, ohne sich zu schuldig zu fühlen.

Wie bei all diesen Kommunikationsstrategien werden wir durch Übung immer besser darin. Wenn möglich, dann üben Sie vorher allein vor dem Spiegel oder mit einem guten Freund am Telefon.

Das elegante Nein

Die meisten Netten kämpfen ganz besonders damit, Nein zu sagen. Ich denke, es ist eine Art von tief verwurzelter phobischer Reaktion, wir haben Angst, Nein zu sagen, also vermeiden wir es, daher haben wir keine Übung darin, und eine Angst vor der Angst entsteht.

Ich habe eine Workshopübung geleitet, bei der die Teilnehmer durch den Raum gehen, und jedes Mal, wenn sie auf jemanden treffen, müssen sie Nein zu ihm sagen – nur das Wort »Nein«. Je länger sie herumgehen, umso deutlicher wird es, dass sie ihre Zurückhaltung verlieren und es genießen, Nein zu sagen, und es kommt zu einem deutlichen Energieschub im Raum.

Sie können das auch ohne Workshop selbst ausprobieren. Stellen Sie sich allein vor einen Spiegel. Sehen Sie sich ruhig und fest in die Augen und sagen Sie Nein. Versuchen Sie es mit unterschiedlichen Stimmen und amüsieren Sie sich. Achten Sie mal darauf, dass es effektiver ist, wenn Sie nicht lächeln. Damit beginnen Sie, Ihr eigenes Tabu zu brechen.

Führen wir diese Idee etwas weiter aus, schauen wir uns die Komponenten eines erfolgreichen »Neins« an. Ich nenne es das »elegante Nein«, da ich glaube, dass »Eleganz« etwas ist, das viele von uns anstreben. Ich erinnere mich sehr genau, wie mir das erste Mal auffiel, dass jemand es benutzte, und es hatte eine bleibende und befreiende Wirkung auf mich. Ich besuchte einen Freund, der die Medien bei einer großen Sportveranstaltung organisierte. Während er uns durch die Studios führte und die Kamerastellungen zeigte, nahm er einen Anruf auf seinem Handy entgegen. »Vielen Dank, dass Sie an uns gedacht haben«, hörte ich ihn sehr aufrichtig sagen, »aber ich glaube, dieses Mal müssen wir passen. Viel Glück mit der Story.« »Wer war das?«, fragte ich. »Ach, die *Sun*«, sagte er. »Sie wollten ein paar Fotos mit den Seite-drei-Mädchen auf dem Spielfeld machen.« Mein Freund wollte auf gar keinen Fall, dass diese Veranstaltung mit Oben-ohne-Models in Verbindung gebracht würde, und doch hatte er es so elegant abgelehnt. »Du warst so höflich«, sagte ich interessiert. »Na ja, gute Manieren kosten nichts«, sagte er. »Und man weiß nie, wann man einen Gefallen braucht.«

So können Sie am eleganten Nein arbeiten:

- **Danken Sie der Person, dass sie Sie gefragt hat** (oder »an Sie gedacht hat«, wie mein Freund es formulierte). Nicht mehr, nicht weniger. Falls Sie am Telefon sind, atmen Sie durch und sagen als Erstes diesen eleganten Satz. Falls Sie der Person gegenüberstehen, bleiben Sie ruhig, schauen Sie ihr in die Augen, werden Sie nicht nervös.

- **Drücken Sie Ihre Ablehnung höflich, aber deutlich aus.** Machen Sie es kurz. Puristen sagen vielleicht, »nie entschuldigen, nie erklären«, aber ich denke, dass eine Entschuldigung zur Eleganz beiträgt und daher wichtig ist. Kopieren Sie den Satz meines Freundes, wenn Sie möchten, da es ein guter Satz ist: »Ich muss dieses Mal passen.« Wenn es hilft, schinden Sie Zeit, indem Sie *nicht* sofort entscheiden, sondern sagen, dass Sie erst Ihren Kalender/Ihre Familie oder sogar sich selbst konsultieren müssen (etwas wie: »Ich weiß noch nicht, ich muss darüber nachdenken, was ich dieses Wochenende/diesen Sommer etc. machen werde.«). Wenn Sie das tun, ist es wichtig, dass Sie sagen, wann Sie sich wieder mit einer Entscheidung melden, und sich auch daran halten.

- **Versuchen Sie, etwas Positives folgen zu lassen, um mit guter Energie zu enden.** Wenn Sie um irgendeine Hilfe gebeten wurden: Können Sie jemand anderen vorschlagen, der vielleicht helfen kann? »Ich kann den Kuchenstand dieses Jahr nicht machen, aber ich glaube, Betty Smith ist interessiert.« Schlagen Sie niemanden vor, wenn Sie sich nicht ziemlich sicher sind, dass derjenige es machen möchte, sonst schaffen Sie nur noch weitere Probleme für sich (wenn Betty Smith wütend anruft). Oder Sie bieten eine Möglichkeit wie »Ich würde Sie gern in ein paar Monaten treffen, wenn es auf der Arbeit etwas ruhiger ist«. Aber sagen Sie auch da nur, was für Sie wahr ist, sonst kreieren Sie nur Probleme in der Zukunft. Wenn es wirklich keine anderen Möglichkeiten gibt (andere Leute, andere Termine etc.), und das ist gut möglich, dann denken Sie einfach an das, was mein Freund gesagt hat, und wünschen viel Glück mit dem Projekt oder sagen etwas Nettes wie »Haben Sie viel Spaß bei der Veranstaltung«.

- *Bleiben Sie nicht, um überredet zu werden!* Das ist so wichtig, dass ich es kursiv gesetzt und ein seltenes Ausrufezeichen hinzugefügt habe. Egal, ob bei einem Treffen oder am Telefon, beenden Sie das Gespräch schnell und elegant, bevor der andere Ihre Schuldgefühle und Verlegenheit wittert und versucht, Sie durch Überredung oder Manipulation umzustimmen.

Jessica, die nette Kollegin, fand das elegante Nein besonders nützlich bei anstrengenden Kollegen. »Ich sage am Anfang etwas Wahres wie ›Ich sage nicht gerne Nein‹ oder ›Ich hasse es, ablehnend zu erscheinen‹, und dann ›... *aber* ich kann das einfach nicht machen, weil ich einige andere Aufgaben habe‹. Manche Leute werden weiter drängen, aber die vernünftigeren Kollegen merken, dass es wahr ist, und akzeptieren das Nein.«

Die Technik der kaputten Platte

Wenn Sie alt genug sind, um sich an Vinylschallplatten zu erinnern, dann erinnern Sie sich wahrscheinlich auch noch daran, dass die Lieblingsplatte einen Kratzer hatte und die Nadel daran hängen blieb und immer und immer wieder dieselbe Stelle abspielte. Dasselbe passiert ja auch mit CDs, sodass sich die meisten vorstellen können, worauf ich mit der Technik der kaputten Platte hinaus möchte. Im Grunde bedeutet es, dass Sie immer und immer wieder dieselben Worte gegenüber der Person wiederholen, der Sie eine deutliche Nachricht zukommen lassen möchten. Was daran wirklich gut ist: Es hilft Ihnen, ruhig zu bleiben und sich nicht von falschen Argumenten von der Hauptstraße auf Nebenpfade lenken zu lassen.

Das ist noch eine Technik, die ich in Elternkursen erlernt habe. Ich erinnere mich an ein Rollenspiel, bei dem ich mein Kind bat, seine Schuhe anzuziehen, während die Uhrzeiger sich bedrohlich auf den Schulbeginn zubewegten. Ich stand (felsen-)fest da und sollte sehr schlicht und ruhig sagen: »Zieh bitte deine Schuhe an, wir müssen jetzt zur Schule.« Der Erwachsene, der meinen Sohn spielte, ignorierte mich und spielte weiter. »Bitte zieh deine Schuhe an«, wiederholte ich und bemühte mich, weder die Lautstärke noch den Tonfall zu ändern. Dann sagte ich nur »Schuhe« in regelmäßigen Abständen, »Schuhe ... Schuhe ... Schuhe«, ich klang wie eine kaputte Platte, ohne in diesen panischen, drängenden Ton zu verfallen, der alles noch schlimmer macht. Es funktionierte mit meinem erwachsenen Rollenspieler, der seine Schuhe anzog, und ich fühlte mich erfrischend ungestresst. Ja, ja, dachte ich, das ist ja schön und gut in einem Rollenspiel, aber das wird bei einem echten Kind niemals funktionieren. Aber erstaunlicherweise tat es das. Nicht hundertprozentig jedes Mal, aber es war viel effektiver, als die Nerven zu verlieren, zu schreien und schließlich erschöpft zu spät zu kommen und ein Kind beruhigen zu müssen, das in Tränen ausgebrochen war, weil ich es erschreckt hatte.

Viele meiner Patienten haben diese Technik erfolgreich angewandt und sagen, dass sie wirklich hilfreich ist, wenn sie ein schwieriges Gespräch planen. Aber man muss auf seinen Ton achten. Vermeiden Sie Sarkasmus, bleiben Sie elegant, registrieren Sie, was gesagt wird, aber geben Sie nicht nach.

Jessica erzählte mir folgendes Beispiel für die Technik der kaputten Schallplatte. »Jemand drängte mich, eine Entscheidung zu treffen, die zu ihrer Agenda passte, aber ich sagte, dass ich mir die Sache genauer anschauen müsse, und fragte, ob ich es ihr am Ende der Woche sagen könne anstelle am Ende des Tages. Es war ziemlich komisch, weil ich denke, dass wir vielleicht beide die Technik der kaputten Schallplatte benutzt haben. Eine Weile sagte sie, dass sie es noch am selben Tag brauche, und ich sagte, Ende der Woche. An dem Punkt dachte ich, dass ich nicht nachgeben würde, aber ich wollte mich auch nicht im Kreis drehen. Also schlug ich vor, dass sie mit dem restlichen Projekt weitermachte, damit ich keine Verzögerungen verursachte, und ich ihr am Ende der Woche meinen Part mitteilen würde. Und sie stimmte zu. Geschafft!«

Ich würde sagen, dass Jessica eine Kombination der Technik der kaputten Platte und kreativer Problemlösung genutzt hat, was zu einem fairen Kompromiss führte. Unterschiedliche Kommunikationswerkzeuge passen zu unterschiedlichen Situationen, und je mehr wir uns trauen zu experimentieren, umso leichter wird es, das jeweils passende zu wählen, sei es der kleine Schraubenzieher oder die Kettensäge.

Kaputte Platte Teil II –
mit schwierigen Antworten umgehen

Das »Schuhe … Schuhe … Schuhe«-Beispiel von vorhin ist besonders wirkungsvoll bei kleineren Kindern, aber bei älteren Kindern und Erwachsenen ist es natürlich mehr eine doppelseitige Interaktion, weil sie über die Sprache und Logik für Gegenargumente verfügen, und wenn man immer nur denselben Satz wiederholt, kann man schließlich eher wie ein Navi klingen als wie ein ruhiger, sicherer Mensch.

Jeder über drei Jahre wird widersprechen und versuchen, die Situation für sich zu entscheiden, wie das Beispiel von Jessica zeigt. Derjenige nutzt vielleicht emotionale Manipulation (»Ich Arme!« – siehe den Elendswettbewerb, Seite 111), Status (»Ich bin wichtiger als du«), Scham (»Andere Leute würden das schaffen«) oder was Anne Dickson »irrelevante Logik« nennt. Der Trick ist dann, sowohl dessen Antworten zu akzeptieren als auch die eigene Hauptbotschaft zu wiederholen. Versuchen Sie, nicht in den *Inhalt* dessen, was der andere sagt, hineingezogen zu werden und dagegen zu argumentieren, sondern sagen Sie etwas wie: »Ich merke, dass du wütend/unter Druck bist/nur tust, was der Boss sagt …, aber …« (hier die Nachricht der kaputten Platte einsetzen und wiederholen).

Das ist nicht so einfach, wie ich es klingen lasse. Aber Übung wird schnell zu Selbstvertrauen führen, weil Sie Erfahrung und Kompetenz erwerben. Eine fast allgemeingültige Reaktion auf diese Technik von Patienten und Workshopteilnehmern (und das schließt die Holloway-Insassinnen ein) über die Jahre ist ein erstaunliches Gefühl der Macht und Hoffnung nach den ersten paar Erfolgen. Wie bei mir mit den Schuhen und bei Jessica mit ihrem Nein sind die Leute erstaunt und begeistert, wenn es funktioniert, und wünschen sich oft, sie hätten schon früher damit begonnen.

Das Feedback-Sandwich

Das wird oft Leuten beigebracht, bei deren Beruf es darum geht, Arbeit zu beurteilen oder zu bewerten, aber andere, die noch nicht davon gehört haben, sind meist sehr angetan davon, noch eine hilfreiche Kommunikationstechnik im Handwerkskasten zu haben.

Stellen Sie sich die Beurteilung (oder um was auch immer es in Ihrer Situation geht) als ein Sandwich vor, wo das Brot auf jeder Seite gut ist, aber die Füllung noch verbessert werden muss. Ihr Brot sind die positiven Aussagen, die Sie über die Person/Situation und deren Fähigkeiten/Leistungen/Eigenschaften machen, bevor Sie nach der Füllung fragen: »Wie könnten Sie das noch verbessern?«

Die Patientin am Anfang dieses Kapitels, die der Personalabteilung über ihre Erfahrungen bei der Fortbildung berichten wollte, beschloss zum Beispiel, so etwas zu sagen: »Ich habe die Fortbildung, die Sie für uns organisiert haben, genossen, vielen Dank. Sie wäre jedoch noch besser gewesen, hätten die Trainer unser Arbeitsfeld genauer beachtet, ich hatte das Gefühl, dass sie nicht verstanden haben, was wir in unserem

Bereich tun. Ich hoffe, dass diese Rückmeldung Ihnen bei zukünftigen Planungen hilft, ich kann es auch gerne aufschreiben, falls das gewünscht ist.« Diese Patientin hatte das Gefühl, dass das der passende »kleine Schraubenzieher« war, den sie brauchte, dazu nur minimales Lächeln, vorher ein paar tiefe Atemzüge und ein ruhiger Tonfall. Die Kettensäge blieb im Schuppen, und sie fühlte sich ermutigt, noch einmal alles auszusprechen.

Was würde Mette tun?

Ich habe eine Freundin namens Mette, die mein Vorbild für Selbstvertrauen ist. Wie man bei ihrem Namen vermuten würde, stammt sie aus Skandinavien, aus Dänemark, um genau zu sein, wo eine kulturelle Norm der direkten Kommunikation herrscht, wie ich glaube. Hier ist ein Beispiel für Mettes erfrischende Direktheit.

Vor ein paar Jahren besuchte meine Familie die ihre in den Sommerferien. Wir waren noch keine Stunde angekommen, da sah sie mir in die Augen und sagte: »Wir hatten gerade Besuch, und ich habe genug vom Kochen, ich werde also nicht für euch kochen. Es gibt viele gute Restaurants, und bitte fühlt euch in meiner Küche wie zu Hause.«

Ich muss zugeben, dass ich von ihren Worten geschockt war. *Dürfen* Frauen so etwas sagen?, dachte ich erstaunt. Aber in den folgenden Tagen merkte ich, dass es uns sehr gut ging, und das vor allem, weil die Atmosphäre sehr entspannt war, ohne unterdrückten Ärger oder Spannung, die wie Giftgas aus unserer Gastgeberin drangen. Ich stamme aus einer Familie, in der die Frauen sozusagen Hochleistungsköchinnen sind und das Gefühl haben, dass sie Besuchern beeindruckende Tafeln bieten müssen, alles wunderbar hausgemacht. Aber natürlich kosten die harte Arbeit und der Druck hinter diesen Schaumahlzeiten etwas, und der Preis ist oft Anspannung und tolles Essen, das mit dem Aroma von Ärger und Wut gewürzt ist. Kein guter Geschmack.

Mettes Ehrlichkeit war eine komplette Erleuchtung für mich. Dass wir alle von Anfang an genau wussten, wo wir standen, erzeugte eine befreiende Klarheit. Ich könnte nie so sein wie sie (auch wenn wir Marsons glauben, von dänischen Wikingern abzustammen), aber ich denke gern an sie, wenn ich einer Situation gegenüberstehe, in der ich direkter, ehrlicher und klarer sein möchte. »Was würde Mette tun?«, frage ich mich. Dann denke ich an eine Antwort, lächle und spüre ein bisschen Angst, weil sie normalerweise viel zu weit von dem Punkt entfernt ist, an dem ich in meiner kommunikativen Reise stehe, als dass ich sie kopieren könnte.

Aber dann denke ich: Wie könnte ich nur einen Schritt in Mettes Richtung gehen? Das ist sehr hilfreich und sehr viel eher umsetzbar. Ich stelle sie mir mit ihren tollen Kleidern und ihrem süßen Akzent vor und versuche zu sagen, was ich sagen muss.

Können Sie sich eine Mette vorstellen, die Sie kennen und mögen? Es muss niemand sein, den Sie persönlich kennen, eine meiner Patientinnen wählte die resolute Katharine Hepburn in den turbulenten Filmen der 1950er, während eine andere an Indiana Jones dachte. Wen auch immer Sie sich aussuchen, stellen Sie sich dessen Bild vor, wenn Sie vor einer herausfordernden Situation stehen, in der Sie etwas tun oder sagen möchten, das nicht Ihrer üblichen netten Reaktion entspricht. Können Sie nur einen Schritt in dessen Richtung gehen? Wie würde das für Sie aussehen und klingen?

Virtuelle Ratschläge – die nette SMS und E-Mail

Bei einigen meiner Patienten spielt sich der größte Teil ihrer Kommunikation via E-Mail, SMS oder soziale Medien wie Facebook ab, und sie haben das Gefühl, dass dort ihre Selbstsicherheit am stärksten herausgefordert wird.

Wenn man auf diese Art kommuniziert, gelten dieselben Prinzipien, aber ohne die Metakommunikation der Körpersprache: Seien Sie direkt, seien Sie deutlich. Überlegen Sie, was Sie sagen oder fragen möchten, und formulieren Sie es klar.

Eine befreundete freiberufliche Journalistin beschloss als Experiment, jegliche Ausschmückungen, Witze und Gefühle aus ihren E-Mails und SMS zu streichen – nicht zuletzt, weil sie genug davon hatte, so viel Zeit und Energie auf das Schreiben zu vergeuden. Sie sagte, dass sie sehr viel Zeit sparte, weniger Angst hatte und das Gefühl, mehr Respekt zu erhalten: »Ich wurde geschäftsmäßiger, und die anderen reagierten entsprechend. Ich glaube, ich hatte befürchtet, dass die Leute mich mögen müssen, um mir Aufträge zu erteilen, aber ich denke, sie wollen sich einfach nur darauf verlassen können, dass man eine gute Arbeit liefert. Ich glaube nicht, dass Gefühle das wirklich kommunizieren!«

Zusammenfassung

In diesem Kapitel habe ich eine Reihe von Handwerkzeugen beschrieben, die Ihnen bei schwierigen Gesprächen helfen können, klarer und selbstsicherer zu werden (zum Beispiel Nein zu sagen, sich zu beschweren, Grenzen zu setzen):

- Achten Sie auf Ihre Körpersprache, stellen Sie sich aufrecht und stark hin. Achten Sie auf Ihren Tonfall und denken Sie daran, ein ernstes Gesicht zu machen, wenn Sie möchten, dass Ihre Botschaft ernst genommen wird (das macht Sie nicht zu einem schrecklichen Menschen).
- Planen Sie – wenn möglich – vorher, was Sie sagen wollen. Machen Sie es klar und einfach, kein Geschwätz.
- Denken Sie an das »elegante Nein«, die »kaputte Schallplatte« und das »Feedback-Sandwich«.
- Fragen Sie sich, was Ihr Vorbild für Selbstsicherheit tun würde.

8. Kapitel:

Packen Sie Ihre Angst an

Jetzt verfügen Sie über eine Sammlung von wunderbar polierten Werkzeugen und sind damit bereit für den nächsten Schritt: Packen Sie die Ängste an, die Sie daran hindern, etwas Neues zu versuchen. Ich werde mit Ihnen jetzt den Prozess durchgehen, Ihre eigenen, maßgeschneiderten Verhaltensexperimente zu entwickeln und durchzuführen.

Haben Sie als Kind je experimentiert? Vielleicht hatten Sie keinen Chemiebaukasten, aber haben möglicherweise Rosenblätter mit Wasser gemischt, um »Parfüm« herzustellen, oder Erde mit Wasser für Matschkuchen? Jetzt ist es an der Zeit, Ihren inneren Wissenschaftler erneut zu wecken und eine Haltung offener Neugier einzunehmen. Patienten lieben es, so vom Selbstbeurteilen befreit zu werden: Als Wissenschaftler machen Sie nichts richtig oder falsch, Sie testen einfach nur eine Idee, Theorie oder Hypothese, und wenn die nicht funktioniert, dann ändert man was und versucht es noch einmal. Das kann spielerisch, kreativ und unterhaltsam sein.

Was ist ein Verhaltensexperiment?

Verhaltensexperimente sind unglaublich wirkungsvolle Hilfsmittel für Veränderungen. Die Idee stammt aus der Verhaltenspsychologie der 1950er-Jahre. Ich habe Pawlows Hunde und die Vorstellung einer konditionierten Reaktion schon einmal erwähnt (die Hunde lernten recht schnell, die Futtergabe mit dem Klingeln einer Glocke zu verbinden, allein der Klang der Glocke führte zu Speichelfluss, und sie sabberten, auch wenn kein Futter zu sehen war).

Wir Menschen sind da nicht anders. Wenn Sie frühe erschreckende Erlebnisse hatten, wurden Ihre Reaktionen konditioniert, und Sie empfinden schon bei den Assoziationen zum befürchteten Erlebnis Angst. Als Kind hatte ich panische Angst vor jeglicher Art von Spinnen, und bei unseren sommerlichen Campingurlauben gab es jede Menge davon, besonders in den Toilettenhäuschen. Als Ergebnis bekomme ich bereits beim bloßen Gedanken an Campingplatztoiletten Angst.

Wie im zweiten Kapitel bereits angesprochen, wird

das Verhalten von Netten überproportional von der Angst vor Ärger und Ablehnung geleitet. Um diese unangenehmen Gefühle bei uns zu vermeiden, versuchen wir, den sie auslösenden Situationen zu entfliehen oder sie zu vermeiden, also Konflikte, Nein sagen, den Leuten nicht das geben, was sie wollen, etc. Wir verstärken auch oft die Verhaltensweisen, durch die wir uns sicher fühlen, indem wir die Menschen dazu bringen, uns zu mögen, indem wir Spannungen und Konflikte abwiegeln, Leuten zustimmen etc. Aber was dann passiert, ist, dass die *Vorhersage* eines befürchteten Ereignisses völlig unproportionale Ausmaße gegenüber der Wahrscheinlichkeit seines Eintretens annimmt und, noch wichtiger, gegenüber unserer Einschätzung, mit dem befürchteten Ereignis umgehen zu können, wenn es doch eintritt.

Die Idee der Verhaltensexperimente ist daher, dass Sie Ihre veraltete Hypothese auf eine sichere, geplante und kontrollierte Art testen können. Das kann etwas sein wie: »Wenn ich zu dieser Person Nein sage, dann wird sie böse auf mich sein/mich nicht mehr mögen, und *ich werde ihren Ärger/ihre Ablehnung nicht aushalten können.*«

Wenn Sie diese Vorhersage testen, bewaffnet mit den polierten Werkzeugen und Fähigkeiten, die wir uns im letzten Kapitel angesehen haben, denn werden Sie fast sicher erstaunt sein festzustellen, dass Sie das

201

angenommene negative Ereignis, selbst wenn es eintritt, überleben *können*.

Wir können von unserer Angst vor der Angst gefangen sein, und der einzige Weg hinaus ist, diese Vorhersagen, oft aus der Kinderperspektive, deutlich zu machen und sie dann mutig zu testen, dabei fängt man mit der kleinsten und sichersten an. Ganz im Sinne der Verhaltenstherapie: Verändern Sie Ihr Verhalten, und Sie verändern Ihre Gedanken und Gefühle. Meiner Erfahrung nach ist das die effektivste Art, den Änderungsprozess in Gang zu setzen, auch wenn sie sich selten als die einfachste anfühlt.

Unsere Angsthierarchie

Um eine Phobie (oder »irrationale Angst«) zu überwinden, setzen die Psychologen oft eine Technik namens systematische Desensibilisierung ein (auch abgestufte Reizexposition genannt).

Zunächst wird eine Reizhierarchie der Phobie aufgestellt: Was wird am meisten, was am wenigsten gefürchtet? Um bei meinem Spinnenbeispiel zu bleiben: Am unteren Ende meiner Reizhierarchie (mit einer 1) könnte sich das Foto einer Spinne befinden, während ganz oben (mit einer 10) stehen könnte, eine große, haarige Spinne – wie eine Tarantel – in der Hand zu halten. Mit einer Entspannungstechnik wie kontrolliertem Atmen würde ich dann »systematisch« und innerhalb eines angemessenen Zeitrahmens meine Reizhierarchie von unten nach oben durcharbeiten, mich meinen irrationalen Ängsten stellen und mich für die Reize desensibilisieren, indem mir bewusst wird, dass Spinnen mir eigentlich keinen Schaden zufügen und ich die Angst überleben kann. Es ist eine Art von »Die Angst vor der Angst verlieren«-Ansatz, aber einer, der älter ist als Susan Jeffers' Buch mit demselben Titel.

Stellen Sie Ihre eigene Hierarchie der Angst zusammen

Ich möchte Sie jetzt auffordern, Ihre eigene Reizhierarchie rund um die netten Verhaltensweisen, die für Sie problematisch sind, aufzustellen. Dabei ist »1« das Einfachste und »10« das Schwierigste oder das, was Ihnen am meisten Angst einjagt (Sie müssen nicht jeden Platz zwischen 1 und 10 ausfüllen). Natürlich ist das etwas absolut Persönliches, schämen Sie sich nicht oder fühlen Sie sich bloß nicht dumm, weil Sie Leute kennen, für die die Dinge, die Sie fürchten, kein Problem wären. Wir sind alle Individuen, und eine komplexe Kombination unserer DNS und unserer Erfahrungen führt zu unseren individuellen Ängsten. Es gibt keine universelle Angsthierarchie, genauso wie es keine für emotionalen Schmerz gibt.

Meine eigene Reizhierarchie vor ein paar Jahren, als ich anfing, mich ernsthaft damit zu befassen, sah folgendermaßen aus:

1. Den Partner um Hilfe und Unterstützung bitten.
2. Freunde um Hilfe und Unterstützung bitten.
3. Nein zu Leuten sagen, die ich nicht persönlich kenne.
4. Nein zu Freunden sagen.
5. Uneinigkeit/Konflikt in der Öffentlichkeit/Gruppe (zum Beispiel einen Artikel in einem Geschäft umtauschen).
6. Nein zu schwierigen Freunden sagen.
7. In der Gesellschaft anderer »echt« sein (zum Beispiel mürrisch, traurig, wütend) und sagen, wenn sie mich verletzt haben.

Jessica, die nette Kollegin, stellte zu Beginn ihrer Therapie eine Hierarchie zusammen:

1. Mich nicht entschuldigen, wenn jemand in der U-Bahn gegen mich stößt.
2. Jemanden bitten, etwas zu wiederholen, was ich nicht verstanden habe.
3. Laut Entschuldigung sagen, wenn jemand mir

im Weg steht, anstatt mich an ihm vorbeizuquetschen.

4. In der U-Bahn die Leute bitten weiterzugehen.
5. Mir die Zeit nehmen, meinen Geldbeutel wieder einzustecken, wenn ich in einem Geschäft bezahlt habe (das heißt die Schlange aufhalten).
6. In einem kleinen Teammeeting eine Frage stellen.
7. Mich nicht entschuldigen, wenn etwas bei der Arbeit nicht meine Schuld ist.
8. Auf eine Bitte bei der Arbeit »später« sagen.
9. Etwas delegieren, ohne mich zu entschuldigen.
10. Eine Bitte auf der Arbeit ablehnen.

Der nächste Schritt ist, ein Experiment zu entwickeln, das Ihre Annahme testet, dass etwas Schlimmes und Unerträgliches geschehen wird, wenn Sie tatsächlich etwas von dem tun, vor dem Sie Angst haben. Das Experiment wird Ihnen dabei helfen, Beweise zu sammeln, dass das Ergebnis vielleicht gar nicht so schrecklich ist, wie Sie dachten, und sollte es doch so sein, dass *Sie das Resultat überleben können*. Beginnen Sie mit etwas, das auf Ihrer Liste unten steht.

Hierzu eine Vorlage:
• Beschreiben Sie Ihr Experiment.
• Malen Sie aus, was passieren wird.
• Aktueller Angstfaktor

- Realistischere Annahme
- Welche Fähigkeiten und Techniken können Sie anwenden?
- Überarbeiteter Angstfaktor

Danach:
- Ergebnis
- Aktueller Angstfaktor?
- Was haben Sie daraus für Ihr nächstes Experiment gelernt?

Das Tolle am Ausmalen dessen, was passieren könnte, ist, dass es oft epische, filmische Proportionen angenommen hat und mehr als nur etwas lächerlich wirkt. Indem man sich das auf diese Weise bewusst macht, erkennt man, wie extrem es ist und wie wahrscheinlich, dass es in eine andere Zeit der eigenen Biografie gehört – vielleicht als Sie noch ein kleines, machtloses Kind waren und der unvorhersehbare Wutausbruch eines Erwachsenen *wirklich* angsteinflößend war. Wie meine Freundin und Verhaltenstherapeutin Nathalie sagen würde: »Es ist möglich, aber ist es wahrscheinlich?« Sie können diese Frage nutzen, um zu einer realistischen Vorhersage zu kommen und den Angstfaktor etwas zu reduzieren. Ich werde das anhand meines eigenen Beispiels illustrieren.

Mein Kleiderexperiment

Wenn Sie sich meine Angsthierarchie anschauen, dann steht »Einen Artikel im Geschäft umtauschen« auf Platz 7. Ich beschloss daher, für dieses Buch mit dieser Angst zu experimentieren und alle Gedanken, Gefühle und mein Verhalten dabei zu notieren.

Zuerst das Szenario. Ich hatte ein ziemlich teures Sommerkleid in einer kleinen Boutique gekauft. Einer dieser Läden, die einem wunderschöne Kataloge zuschicken, sodass man ewig junge, makellose Models in wunderschöner Umgebung ansehen kann und denkt, wahrscheinlich unterbewusst, wenn man nur eines dieser Seidenkleider oder Kaschmirjäckchen besäße, dann wäre man geliebt und glücklich und problemfrei.

Mein rationales Hirn weiß, dass Werbung so funktioniert, wir verbinden das Kaufen von Dingen mit dem Stillen emotionaler Bedürfnisse. Aber selbst mit diesem Wissen kann der emotionale Drang stark sein, besonders wenn man sich ein bisschen übergewichtig, unattraktiv und wenig selbstbewusst fühlt wie ich mich an dem Tag, an dem ich diesen Laden betrat. Ich bin wahrscheinlich eher einkaufen gegangen, um mich besser zu fühlen (siehe den Erlösungsbogen, Seite 144), als um ein spezielles Kleidungsstück zu suchen, und die Verkäuferin spürte dieses ungenaue Verlangen und begann, mir in einer ziemlich überschwänglichen, überzeugenden Art Kleider in die Umkleidekabine zu reichen. Eine halbe Stunde später verließ ich den Laden mit einem schick verpackten Päckchen, von dessen Inhalt ich bereits wusste, dass er mir eigentlich gar nicht stand und ich ihn kaum oder gar nicht tragen würde.

Ich trug das Kleid nach Hause, probierte es noch einmal an, dann wusste ich, dass ich die Kröte schlucken und es zurückgeben musste. Ich höre, wie manche von Ihnen, sogar eingefleischte Nette, hier ein bisschen kichern, da das etwas ist, das Ihnen überhaupt nicht schwerfallen würde. Ich weiß, dass viele Leute heutzutage die Taktik verfolgen, Unmengen von Kleidern zu kaufen, sie zu Hause anzuprobieren und dann alle, die sie nicht möchten, wieder zurückzubringen. Wenn ich das regelmäßig täte, würde mich die Vorstellung, einen einzelnen Artikel umzutauschen, nicht so ängstigen, aber ich tue es nicht, daher ist es beängstigend für mich.

An diesem Punkt wärmten sich meine kritischen Stimmen bereits auf. »Du bist unmöglich. Warum hast du kein Rückgrat gegenüber dieser Verkäuferin gezeigt?« und »Du bist so sorglos mit Geld, du hast einen dummen Fehler gemacht, und jetzt wirst du die Konsequenzen tragen müssen und keine neuen Sommerkleider mehr kaufen können«. Wow – klingen sie so niedergeschrieben nicht richtig fies? Besonders diese letzte, die nicht nur kritisch, sondern beschämend und bestrafend ist: Ich muss für meinen Fehler bestraft werden, indem ich keine Sommerkleider mehr kaufen darf!

Ich machte aber mit dem Experiment weiter und füllte das Formular wie folgt aus:

- **Beschreiben Sie Ihr Experiment:** In die Boutique gehen und mein Geld zurückverlangen.
- **Malen Sie aus, was passieren wird:** Dass die Verkäuferin wütend auf mich ist und versuchen wird, mich auf eine fiese, manipulative, kritische Art zu überreden, es zu behalten. Sie wird entweder a) eiskalt und erniedrigend kritisch vor anderen Kunden und Angestellten in einem vollen Laden sein und etwas in der Richtung sagen: »Na ja, meine Liebe, ich denke, in Ihrem Alter (mit Ihrem Gewicht/Ihrer Figur) wird nichts besser an Ihnen aussehen«, oder b) mich anschreien und anbrüllen und mich eventuell körperlich angreifen, wieder vor einer Unmenge von Zuschauern.
- **Aktueller Angstfaktor:** 7.
- **Realistischere Annahme:** Die Verkäuferin wird vielleicht nicht erfreut sein, aber ich kann schnell aus dem Laden gehen und muss sie nie wiedersehen. Und wenn sie wirklich Schwierigkeiten macht, kann ich darum bitten, den Chef zu sprechen. Ich habe

das Recht, den Artikel innerhalb von 14 Tagen umzutauschen.

- **Welche Fähigkeiten und Techniken können Sie anwenden?** Ich kann meine Atmung verlangsamen, um die Fliehen-oder-kämpfen-Reaktionen meines Körpers zu kontrollieren (siehe Seite 96). Ich kann die Technik der kaputten Schallplatte anwenden.
- **Überarbeiteter Angstfaktor: 5.**
- **Ergebnis:** Ich wartete auf einen Tag, an dem ich Zeit hatte und mich einigermaßen selbstbewusst fühlte. Ich ging in den Laden. Mein Magen schlug Purzelbäume. Dieselbe Verkäuferin kam zu mir. Und sie war richtig genervt, als ich sagte, dass ich das Kleid umtauschen wollte. Ich konnte es daran sehen, dass ihre vorherige überschwängliche Freundlichkeit durch ein falsches Lächeln und kalte, harte Augen ersetzt worden war. Meine Vorstellung stimmte also bis zu einem gewissen Punkt. Ich denke, es ist die Art von Geschäft, bei dem die Verkäufer mit einer Provision an den verkauften Kleidungsstücken beteiligt sind, ein Umtausch ist für sie also wichtig, ich hatte das früher schon bemerkt. Als sie mich mit dem ansah, was Paddington den »speziellen Blick« nennt, spürte ich die Angst in meinem Körper. Aber ich atmete bewusst tief und langsam ein und folgte innerlich der Luft durch meinen Körper (siehe Atemübung, Seite 264). Ich sagte mir auch: »Es ist

210

bald vorbei, und du musst diese Frau nie wiedersehen. Es ist egal, wenn sie dich jetzt hasst, sie kann dir nichts anhaben.« Das half gut. Zunächst einmal fühlte ich mich dadurch etwas weniger in der emotionalen Intensität des Moments gefangen, das beruhigende Selbstgespräch machte mich ruhiger und sicherer (siehe auch Seite 165).

- Das Ergebnis war, dass ich mein Geld zurückbekam und den Laden in einem Stück und nicht erniedrigt verließ – ich fühlte mich sogar beschwingt.
- **Aktueller Angstfaktor: 2.**
- **Was haben Sie daraus für Ihr nächstes Experiment gelernt?** Ich habe gelernt, auf die Möglichkeit vorbereitet zu sein, dass Verkäufer nicht unbedingt ruhig reagieren, wenn man etwas umtauschen möchte. Sie können verärgert und sarkastisch und beschämend sein, aber ich kann damit umgehen, sollte es passieren, es ist nicht das Ende der Welt, und ich überlebe es. Nach meinem Experiment mit dem Umtausch des Kleids war ich so ermutigt, dass ich in derselben Woche noch zwei andere Dinge zurückgab (ein Diktaphon zwei Monate nach dem offiziellen Umtauschdatum und einen schlecht sitzenden BH, den ich vor sechs Monaten gekauft hatte und für den ich keinen Kassenbon mehr besaß). Beides ging überraschend einfach und problemlos, und die Verkäufer waren verständnisvoll, ruhig und ver-

nünftig. In den Worten der Desensibilisierungstherapie ausgedrückt, konnte ich jetzt die Spinne in der Hand halten. Vielleicht noch nicht die Tarantel, aber eine kleine Webspinne, was auf jeden Fall ein Fortschritt ist.

Wählen Sie Ihre Experimente aus: Was ist *im Moment* am wichtigsten?

Bei Großunfällen geht ein Arzt die Verletzten durch und schätzt die Dringlichkeit ein, um eine Prioritätenliste der Behandlung zu erstellen. So ähnlich kann man auch die Verhaltensexperimente einschätzen, um zu entscheiden, welches als Erstes angegangen werden sollte: Was sollte im Moment am dringendsten geändert werden? Fragen Sie sich, was die meiste Unruhe verursacht, was Sie nachts wach hält, was Sie am meisten bedrückt. Eine weitere wichtige Frage ist: Wovon werde ich am meisten profitieren? Manche Dinge scheinen sehr schwer umzusetzen zu sein, und doch würde es einem wahrscheinlich nur sehr wenig nutzen, wenn man im Moment versuchen würde, sie zu ändern. Mit anderen Worten, die Kosten sind wahrscheinlich höher als der Gewinn. Lassen Sie daraus kein weiteres »Du musst« werden, sonst ist das Versagen vorprogrammiert, und Sie werden sich noch schlechter fühlen.

Es kann hilfreich sein, eine Liste mit Pro-und-Kontra-Argumenten anzulegen, um sich über alles klarer zu werden. Alison, eine nette Workshopteilnehmerin, wollte zum Beispiel als Verhaltensexperiment einen Brief an ihre Mutter schreiben. Sie wollte erklären, warum deren Urteile und Kritik sie so sehr verletzten, und das schon ihr ganzes Leben lang. Es fühlte sich für sie schrecklich schwierig und angsteinflößend an, und als sie sich den möglichen Gewinn und die möglichen Verluste ansah, wurde ihr bewusst, dass es eigentlich ein ziemlich riskantes Experiment war. Ihre Mutter würde sich diese Rückmeldung wahrscheinlich nicht ruhig anhören und könnte daraus leicht wieder neue Vorwürfe ziehen, wodurch Alison sich noch schlechter fühlen würde und sie in einer Sackgasse landen könnten. Ich erklärte ihr den Erlösungsbogen (siehe Seite 144) und sagte, dass das hier meinen Erlösungsbogenalarm auslöste: Es war sehr wahrscheinlich, dass sich ihre Mutter niemals ändern würde, es sei denn, sie hätte ein lebensveränderndes Erlebnis oder machte eine Therapie (oder am wahrscheinlichsten beides).

Alison dachte daraufhin noch weiter nach und präsentierte ein anderes Problem, bei dem ein Experiment sicherer war und das praktisch gesehen auch dringender war. Sie musste frühere Kunden um Empfehlungen für ihre neue Website bitten. Das machte ihr Angst, sodass sie es immer wieder verschoben hatte. Welches

Ergebnis malte sie sich aus? Sie überlegte, dann lachte sie: »Dass sie sich alle gegenseitig anrufen und Sachen sagen wie: ›Wie kann sie es wagen, uns zu fragen? Was für eine Frechheit! Und sie ist so schlecht in dem, was sie tut, mir fällt beim besten Willen nichts Positives ein, das ich über sie sagen könnte!‹« Ihre Vorstellung zu beschreiben erlaubte Alison sofort, das absurd Komische daran zu sehen. »Wie wahrscheinlich ist das?«, fragte eine andere Teilnehmerin freundlich. »Könnte es nicht sein, dass sie dir gern helfen, weil du ihnen geholfen hast?« »Ich nehme schon an«, sagte Alison, sah aber nicht überzeugt aus. »Ich würde mich eigentlich freuen, jemandem eine Empfehlung zu schreiben, besonders wenn derjenige deutlich sagt, was er braucht, das wäre sehr nützlich.« »Und wie hoch ist der Angstfaktor?«, fragte ich. »Ungefähr 7«, sagte sie.

Alison beschloss folgendes Experiment: Sie schrieb eine sehr übersichtliche E-Mail, in der sie detailliert beschrieb, was sie brauchte, aber mit der Möglichkeit für den Kunden, alles abzulehnen, sollte er keine Zeit haben. »Dadurch werde ich nicht das Gefühl haben, persönlich abgelehnt worden zu sein, wenn sie Nein sagen!«, bemerkte sie trocken. »Welcher Angstfaktor?«, fragte die Gruppe. »Er ist auf ungefähr 3 gesunken«, sagte sie, »ich werde euch auf dem Laufenden halten.«

Alison meldete sich eine Woche später und sagte, dass sie drei Kunden angemailt hatte und alle sofort

214

begeisterte Empfehlungen zurückgeschickt hatten. »Ich glaube, dass ich es mir im Workshop als Ziel gesetzt habe und die Gruppe als Zeugen und Unterstützer fungierte, hat mich handeln lassen, was ich ansonsten vielleicht vermieden hätte«, sagte sie. »Ich fühle mich durch meine eigenen Handlungen bestätigt, was wirklich positiv ist und mich zu weiteren Versuchen ermutigt.«

Jessica beginnt zu experimentieren …

Als ich Jessica, die nette Kollegin, kennenlernte, besprachen wir ihre Idee, »ein Prozent weniger nett zu sein«, als sofortiges Experiment (siehe Seite 80). Sie wählte den Punkt, sich nicht mehr zu entschuldigen, wenn jemand in der U-Bahn gegen sie stieß. Die folgende Woche, ermutigt durch den Erfolg dieser Erfahrung (»Sie merkten es nicht mal. Es war die kritische Stimme in meinem eigenen Kopf, die sagte: ›Wo sind deine Manieren, junge Dame?‹, ich habe sie als meine Tante identifiziert und konnte ihr Paroli bieten«), stellten wir eine ansteigende Liste mit Experimenten für Jessica zusammen, die sie in ihrem eigenen Tempo angehen sollte, das schwierigste war, eine Bitte bei der Arbeit abzulehnen.

Jessica war sehr motiviert und mutig und begann, die Liste abzuarbeiten, jeder Erfolg ermutigte sie, mit

215

ihrer Reizhierarchie weiterzumachen (siehe Seite 204). Es folgt ein Auszug vom Anfang ihres Therapietagebuchs:

> Ich werde nicht über Nacht zur ruhigen, geduldigen, geistreichen und intelligenten Person werden, die ich immer sein wollte. Vielleicht ist Selbstsicherheit der Schlüssel. Wenn ich selbstsicher bin, könnte ich ruhig sein, weil ich um das bitten könnte, was ich möchte, und glauben würde, dass ich es verdiene. Wenn ich glaube, die beste mir mögliche Person zu sein, dann gibt's keinen Grund für Ungeduld.
>
> Und wenn ich entspannt und ruhig sein könnte, könnte ich geistreich sein anstatt geschwätzig und verlegen. Ich brauche nur dieses ruhige, innere Gefühl, das mir erlauben würde, um Dinge zu bitten, ohne entschuldigend zu klingen. Kommt das zuerst, oder kommt es mit der Übung? Nun, wenn's eine Übungssache ist, dann weiß ich, wo ich anfange.

Jessicas Erfolge darin, bei der Arbeit selbstsicherer zu sein, führten zu überraschenden Veränderungen, die nicht einmal auf ihrer Liste standen: Sie schaffte es, ihrer Mitbewohnerin klare Grenzen zu setzen, sie übernahm bei der Arbeit eine neue und anspruchsvollere Rolle, sie begann mit neuen, gewagten Hobbys und gewann neue Freunde. Es ging aber auf gar keinen Fall alles direkt und einfach. Jessica erlitt Rückschläge und musste kämpfen, und es gab Zeiten, in denen sie vor lauter Verzweiflung fast den Versuch, sich zu ändern, aufgab. Aber indem sie alles langsam und sanft anging, einen kleinen Schritt nach dem anderen, machte sie mit den Herausforderungen weiter. Im neunten und elften Kapitel lesen Sie mehr über Jessica.

… und Liz auch

Wir haben Liz, die nette Freundin, im dritten Kapitel kennengelernt, wo sie Hunderte von Meilen gefahren war, um zu einer zweistündigen Therapiesitzung zu gehen, die sich für sie »wie ein Wellnesshotel« anfühlte, so selten tat sie etwas für sich selbst. Sie fuhr an diesem Nachmittag voller Elan weg, um Verhaltensexperimente anzugehen, besonders in dem Bereich »andere zu enttäuschen und sich besser um sich selbst zu kümmern«.

Das erste sollte schon am selben Abend losgehen, wenn sie einer Freundin sagen würde, dass sie nicht zu deren Dichterlesung gehen, sondern sich lange und gemütlich in die Wanne legen und mit ihren Kindern zu Abend essen wollte. Das machte ihr ziemliche Angst, erschien ihr aber nicht unmöglich, und ich bestärkte sie darin, mit ihrer mutigen Seite Kontakt aufzunehmen, die sie in vielen früheren Situationen gezeigt hatte. Einen Monat später schickte sie mir eine E-Mail: »Ich hatte das Gefühl, als hätte jemand nach meiner Sitzung ein Licht angeschaltet«, schrieb sie. »Zu ergründen, woher meine Angst, ausgeschimpft zu werden, kommt, war eine riesige Hilfe. Mich daran zu erinnern, wie schlecht mein Vater reagierte, wenn ich mich als Teenager durchsetzen wollte, zeigte mir, warum ich auch heute noch den Leuten vor allem gefallen möchte.«

Was ihr erstes Verhaltensexperiment anging, sagte Liz, sie fühlte sich schlecht dabei, aber sie hatte der Freundin eine SMS geschickt, dass es ihr leidtäte, dass sie es nicht zur Dichterlesung schaffe, und die Freundin akzeptierte es problemlos. »Das Lustige war, dass die Freundin, bei der ich meine erste Absage probierte, mir sagte, dass sie gar nicht glauben konnte, dass ich mir Sorgen machte, sie zu versetzen, da sie mir so was nie unterstellen würde, weil ich so eine gute Freundin sei. Sie wusste, dass ich einen guten Grund haben musste für meine Absage und nicht bloß eine Laune. Wir lachten dann darüber, da es so weit von meiner befürchteten Reaktion, nämlich dass sie wütend sein würde und mich nie wieder sehen wollte, entfernt war.«

Liz begann mit Experimenten, ihre eigenen Bedürfnisse über die anderer zu stellen, aber sie berichtete auch, dass sie sich auf der Arbeit gegenüber einer Frau anders verhalten hatte, von der sie sich untergebuttert fühlte. »Normalerweise nehme ich einfach nur an dem Meeting teil, sage nichts und versuche, mich unsichtbar zu machen«, sagte sie. »Aber dieses Mal bin ich etwas früher hingegangen und war richtig freundlich zu ihr. Sie war ein bisschen überrascht, reagierte aber positiv. Während des Meetings meldete ich mich nur dann, wenn ich etwas zu sagen hatte. Ich fühlte mich sehr stark und blieb mir selbst treu. Die ganze Zeit über sagte ich mir ›Was ist das Schlimmste, was passieren kann?‹ und ›Es ist egal, wenn sie mich nicht mag, sie muss mich nicht mögen, ich muss nur irgendwie mit ihr arbeiten können‹.«

Im neunten Kapitel erfahren Sie, wie Liz es schaffte, ihre sozialen Verpflichtungen zu verringern und mehr Zeit für das zu schaffen, was ihr wirklich wichtig ist.

Kreatives Brainstorming ohne Vorurteile

Liz versuchte, etwas anders zu machen, und es war überraschend effektiv. Aber manchmal scheint es uns unmöglich, Dinge anders zu machen, weil wir so in unseren üblichen Denk- und Verhaltensgewohnheiten drinstecken.

Das kreative Brainstorming ohne Vorurteile ist eine Technik, die sehr dabei hilft, freier zu denken und auf neue Ideen zu kommen. Schreiben Sie das Problem oben auf ein Blatt Papier. Dann schreiben Sie darunter alles, was Ihnen zur Problemlösung in den Sinn kommt. Lassen Sie Ihrer Phantasie freien Lauf und schreiben Sie jede Idee auf, ohne Vorurteile. Das ist wichtig, weil es vorher ungedachten Ideen und möglichen Lösungen erlaubt, sich an den stets aufmerksamen, kritischen Stimmen (siehe fünftes Kapitel) vorbeizumogeln. Wenn Sie das zum Beispiel mit einem Kind machen würden, das Probleme mit einem Lehrer hat und Dinge vorschlägt wie »ihn mit einer Rakete auf den Mond schießen« oder »ihn von Piraten entführen lassen«, dann würden Sie diese Ideen einfach ruhig aufschreiben, sich alle ansehen und überlegen, welche Möglichkeit man am besten ausprobiert. Sie können auch alle Ideen von eins bis zehn bewerten, wenn Ihnen das zu mehr Klarheit verhilft.

Ellas Mitbewohner aus der (Phantasie-)Hölle

So hat die Technik des kreativen Brainstormings Ella, der wir schon im zweiten Kapitel begegnet sind, geholfen:

Ella machte sich Sorgen, weil sie endlich eine neue Mitbewohnerin gefunden hatte, nachdem die letzte nach langem, schweigendem Schmollen ausgezogen war. Sie hatte Panik, dass auch mit dieser neuen Frau

alles schieflaufen würde und sie in einer weiteren pein-
lichen, verlegenen Entwicklung gefangen wäre, durch
die sie sich auch schuldig und ängstlich wegen der
Miete fühlen würde. Es weckte auch ihre Überzeugung
aus Teenagertagen: »Ich passe nicht dazu, Mädchen
mögen mich nicht, ich werde nie Freundinnen haben.«

Ich bat Ella, mir etwas über die neue Mitbewohnerin zu erzählen. »Na ja, sie wirkt sehr nett, ruhig, fleißig, sie respektiert mein Bedürfnis nach Ruhe, weil ich
lernen muss. Aber das hat Frankie zu Anfang auch …«
Ich bat sie dann darum, mir zu schildern, was sie befürchtete, selbst wenn es lächerlich klang. Sie überlegte eine Weile: »Na ja, sie hat mir gesagt, dass sie eine
Art unregelmäßigen Freund hat, deswegen denke ich,
es ist etwas wie dass sie auf dem Sofa knutschen, während ich lernen will, oder viel, *viel* schlimmer …« Sie
machte eine Pause, als sei sie unfähig, den Schrecken,
der sich vor ihrem inneren Auge ausbreitete, mit mir
zu teilen, »… die ganze Nacht sehr lauten Sex in ihrem
Schlafzimmer zu haben, wodurch ich wach bleibe und
mich einsam und fehl am Platz fühle, weil ich a) keinen Freund habe und b) zu gehemmt bin, um solche
Geräusche zu machen.« Sie sah mich mit großen Augen an, als wüsste sie nicht, wo das herkam. »Und«,
fügte ich aus meinem eigenen Erfahrungsschatz von
WG-Horrorstorys hinzu, »er wird Stunden in Ihrem
Badezimmer verbringen und lautes Männerzeugs ma-

chen und danach mit einem winzigen Handtuch um die Hüften durch die Wohnung spazieren.« Wir lachten laut los. »Wie wahrscheinlich ist das wohl?«, fragte ich. »Und wichtiger, was können Sie *jetzt* tun, um sich zu beruhigen, bevor irgendetwas Unangenehmes passiert?«

Ella sah mich verdutzt an. Sie gab zu, dass es in ihrem Gehirn nichts gab, außer sich gefangen und hilflos in der netten Höflichkeit zu fühlen und auf den unausweichlichen, schrecklichen Streit zu warten, der Konflikt und Stress bedeutete.

»Okay, versuchen wir's mal mit einem kreativen Brainstorming ohne Vorurteile«, schlug ich vor. Ich habe bisher noch niemanden getroffen, dem das nicht gefiel. Ich glaube, die Wörter »kreativ« und »ohne Vorurteile« sind so gute, positive Wörter, dass wir uns sofort sicher fühlen und die Energie fließt. Ella dachte an solche Dinge: zum Lernen in die Bibliothek gehen, wenn sie Leute in die Wohnung mitbringt, und bei Freunden übernachten, wenn ihr Freund kommt. Ich schlug vor, mit der neuen Mitbewohnerin zu sprechen und vielleicht gemeinsam ein paar sinnvolle Regeln zu vereinbaren wie: Ein Freund darf nur am Wochenende kommen.

Ella war erstaunt: »Ich habe ehrlich nie daran gedacht, aber es ist eigentlich völlig vernünftig.« Der Prozess verschaffte ihr dann Zugang zum kreativen

Lösungsteil ihres Gehirns, sodass sie auf viele andere mögliche Strategien kam. »Sie benutzen nur Ihre tollen Fähigkeiten«, sagte ich. »Bei der Arbeit lösen Sie so viele Probleme, aber bei einer Mitbewohnerin konnten Sie auf diese Fähigkeiten nicht zurückgreifen, wahrscheinlich wegen früherer Erfahrungen. Sie steckten in Trauma, Angst und Panik fest, Gefühle, die unsere kreativen Problemlösungsfähigkeiten oft blockieren.«

Zwei Wochen später berichtete Ella, dass sie ein ruhiges, einfaches Gespräch mit ihrer neuen Mitbewohnerin geführt hatte und diese allen ihren Vorschlägen ohne einen Hauch von Spannung zugestimmt hatte. »Ich kann gar nicht glauben, dass es so einfach war«, sagte Ella. Und diese Worte höre ich oft, wenn die Leute anfangen, mit etwas anderem zu experimentieren. Wenn man sich endlich traut, dieses schwierige Gespräch zu führen, ist es meistens (allerdings nicht immer) viel einfacher und weniger stressig, als man sich vorgestellt hat.

Samantha experimentiert damit, weniger perfekt zu sein

Für manche Menschen sind die wichtigsten Experimente, *weniger* eines gewissen Verhaltens an den Tag zu legen, anstatt etwas *anders* zu machen. Erinnern wir uns an die Verhaltensmuster aus der Kindheit im zweiten Kapitel, manche Nette werden von der Vermeidung von Ärger angetrieben, andere sind abhängig von der Anerkennung anderer, und bei vielen ist es eine komplexe Mischung aus beidem.

Samantha, die wir im zweiten Kapitel kennengelernt haben, beschloss, damit zu experimentieren, weniger für die Anerkennung anderer zu tun und zu beobachten, ob sie damit leben könnte. Als junges Mädchen wollte Samantha ihrer schwer zufriedenzustellenden Ballettlehrerin gefallen. Später als Erwachsene übertrug sie diese Suche nach Anerkennung auf ihren Boss, sodass sie viel und schwer arbeitete und viel Verantwortung übernahm. Jetzt, in der Elternzeit, fing sie gerade an, sie auf ihren Mann und ihr Baby zu übertragen. Bloß dass diese sie nicht darum gebeten hatten und daher nicht dankbar waren. Ihr Ehemann wollte, dass sie wieder ihr altes, fröhliches Ich zeigte. Aber sie war erschöpft und schlecht gelaunt, weil sie sich bemühte, die perfekte Ehefrau und

Mutter zu sein, wozu das Bügeln der unendlich vielen Strampler und täglich ein perfektes Make-up gehörten.

Zusammen brachten wir die wichtigste persönliche Regel zutage, die diesem Verhalten zugrunde lag. Es war: »Ich muss immer alles geben, sonst werden die Leute denken, dass ich mich nicht bemüht habe.« Aber als wir uns diese Regel genauer ansahen, wurde Samantha bewusst, dass sie von jemand anderem stammte, wahrscheinlich von ihrer »erstaunlich anspruchsvollen« Ballettlehrerin, die aus ihr die perfekte Ballerina machen wollte. »Wenn ich diese Vision der Perfektion erreichen würde, ich glaube, dann würde mein Ehemann gar nicht mehr mit mir zusammen sein wollen! Er erwartet von mir nicht, diese perfekte Frau zu sein. Außerdem möchte ich nicht, dass meine Tochter, wenn sie älter wird, diese perfektionistischen Macken übernimmt. Ich möchte, dass sie, wenn sie älter ist, mit ihren Problemen zu mir kommt, und wenn sie weiß, dass ich auch ein paar Fehler gemacht habe, fällt ihr das wahrscheinlich leichter.«

Samantha arbeitete nach dieser Sitzung aktiv an der Vorstellung, »gut genug« zu sein anstatt perfekt. Ihr erstes Experiment war, mit dem Bügeln der Strampler aufzuhören, dann machte sie damit weiter, mehr Tage ungeschminkt zu verbringen. Sie erzählte, dass sie sich die ganze Zeit über die Worte »es ist in Ordnung, gut genug zu sein« sagte, um die richtige Perspektive zu behalten.

Die Verhaltensexperimente, die in diesem Kapitel beschrieben wurden, sind geplant oder *proaktiv*.

Das ist ein guter Startpunkt, denn wenn man das Experiment plant, kann man viele Elemente unter Kontrolle behalten und sich dadurch sicherer fühlen. Natürlich kann nicht alles hundertprozentig kontrolliert werden, aber man hat wahrscheinlich eine Wahl, *wann* man mit der Mitbewohnerin, dem Boss oder Partner spricht und *was* man ihnen dann sagt. Dadurch eignen wir uns Fähigkeiten und Selbstvertrauen für Situationen an, in denen die Dinge außerhalb unserer Kontrolle liegen und wir sofort auf eine schwierige Person oder Situation reagieren müssen. Und da diese Dinge jederzeit geschehen können (und es auch oft tun), biete ich im zehnten Kapitel einige Techniken für den Umgang mit solchen *reaktiven* Situationen an.

Zusammenfassung

Jetzt haben Sie ein paar Vorschläge bekommen, wie Sie Ihre eigenen Experimente angehen können, um die Angst zu bekämpfen, die Sie an ungünstigen Verhaltensweisen festhalten lässt:

- Stellen Sie Ihre eigene Angsthierarchie auf, bewerten Sie die Situationen von 1 (am wenigsten beängstigend) bis 10 (am meisten beängstigend).
- Entwerfen Sie ein Verhaltensexperiment für eine dieser Situationen, wählen Sie etwas vom unteren Ende und füllen Sie die Vorlage auf Seite 205 f. aus, um Ihnen beim Planen und Vorbereiten auf das schlimmste Ergebnis zu helfen.
- Denken Sie an passende Werkzeuge aus dem siebten Kapitel, die Sie bei Ihrem Experiment einsetzen können.
- Belohnen Sie sich, fühlen Sie sich stark und planen Sie das nächste Experiment.
- Versuchen Sie ein kreatives Brainstorming ohne Vorurteile, um neue Ideen und Möglichkeiten zu entdecken.

9. Kapitel:
Fortgeschrittene Verhaltens-experimente: Wagen Sie es, zu enttäuschen

Immer wenn ich diese Idee bei jemandem erwähne, reißt derjenige vor Entsetzen und Erstaunen die Augen auf – und dann lächelt er. Es ist ein erleichtertes »Sie müssen Witze machen, denn das ist einfach zu grotesk«-Lächeln. Aber darin steckt mehr als nur der Funke einer wichtigen Idee, es ist eine tolle Sache, auch nur darüber nachzudenken, und es verhilft uns zu mehr Wahlmöglichkeiten.

Warum ist das für einen Netten eine so schreckliche Vorstellung? Welche strikte persönliche Regel steckt dahinter? Ich darf *niemals* jemanden enttäuschen, sonst ... Was sonst? Welche Angst hält uns in dieser anstrengenden, erschöpfenden Art zu leben fest? Es bedeutet, dass wir Freunde *immer* unterstützen müssen, indem wir zu ihren Geburtstagen, Abendessen, Partys, Treffen, Dichterlesungen, Kunstausstellungen, Spendensammlungen, Theaterstücken, Kindertheaterstücken, Kindergeburtstagen, Elternbeerdigungen … gehen, ergänzen Sie Ihre eigenen Veranstaltungen, die Liste ist endlos. Und die Sache ist die: Es sind nicht nur die Termine enger Freunde, die wir trotz Krankheit, Überarbeitung und Erschöpfung beachten, das wäre natürlich (überwiegend) vernünftig. Nein, eins der kleinen Geheimnisse von Netten ist, da wir nicht Nein sagen können und uns immer bemühen, auch mit schrulligen Freunden zu reden, Uneinigkeiten zu glätten, über die Geschichten und Witze verblendeter Verwandter zu lachen oder die Truppe mit unseren Geschichten zu unterhalten, enden wir auch auf den Partys und Veranstaltungen von Leuten, denen wir eigentlich gar nicht nahestehen oder die wir manchmal (flüster) nicht mal besonders mögen oder die uns ein bisschen Angst machen oder die wir bemitleiden (oder alle drei Dinge). Nicken Sie gerade zustimmend? Das dachte ich mir. Aber glauben Sie es oder nicht, es gibt tatsächlich Leute, die, wenn die Vertretung am Empfang zum Geburtstagsumtrunk einlädt, einfach sagen: »Es tut mir leid, ich käme gern, aber ich schaffe es einfach nicht« – und das mit einem hübschen Lächeln und ohne Schuldgefühle.

Wie machen die das? Sie können das auch. Sie werden noch mal zum siebten Kapitel zurückkehren und ein paar praktische Fähigkeiten für die vor Ihnen liegenden Aufgaben erwerben müssen, aber zunächst finde ich es hilfreich, sich die Gedankengänge anzusehen, die die Vorstellung, andere zu enttäuschen, so schwierig machen.

Im Stich lassen und enttäuschen

Ich habe meiner Therapeutin Lynne mal erzählt, dass ich mich von der Anzahl neuer Patienten in meiner Praxis völlig überwältigt fühlte. In ihrer typisch direkten Art fragte Lynne: »Warum haben Sie sie dann alle angenommen?« Ist das nicht offensichtlich?, dachte ich. Wir haben einen *helfenden* Beruf. »Ich wollte sie nicht im Stich lassen«, sagte ich mit diesem leicht rechtfertigenden Tonfall, der sich einschleicht, wenn man weiß, dass es wahrscheinlich nicht die richtige Antwort ist. »Gibt es einen Unterschied zwischen im Stich lassen und enttäuschen?«, fragte Lynne. Was für eine erstaunliche Frage, dachte ich, da ich vorher noch nie darüber nachgedacht hatte. Ich nehme an, dass ich ziemlich ratlos aussah. »Ist das denn nicht dasselbe?«, stotterte ich. »Wenn jemand enttäuscht ist, dann hat man ihn im Stich gelassen.«

»Na ja«, antwortete Lynne, »wären Sie heute hergekommen, und ich wäre wegen eines Notfalls nicht hier gewesen, dann wären Sie sicher enttäuscht gewesen, aber ich hätte Sie nicht absichtlich im Stich gelassen, denn ich hatte keine Kontrolle über die Umstände. Aber wäre ich einfach nicht aufgetaucht, dann hätte ich Sie im Stich gelassen.« Das war mir völlig neu, ich hatte Schwierigkeiten, es zu begreifen. »Wenn ich potenzielle neue Patienten ablehne, dann sind sie vielleicht enttäuscht, aber ich habe sie nicht unbedingt im Stich gelassen?« »Na, Sie können ihnen ja andere Therapeuten empfehlen, denen Sie vertrauen, sodass sie wahrscheinlich doch noch die benötigte Hilfe erhalten. Und wer weiß, Sie könnten sie am Ende doch im Stich lassen, weil Sie zu viel zu tun haben, um ihnen zu geben, was sie brauchen. Wenn jemand enttäuscht ist, dann ist es dessen Verantwortung, sich um sein Gefühl zu kümmern, nicht Ihre. Sie sind nicht für die Gefühle anderer Menschen verantwortlich.«

Überbetonen

Es gibt viele Gründe, warum man die Bitten und Anfragen anderer nicht ablehnen kann. Wie im zweiten Kapitel beschrieben, lassen sie sich auf unterschiedliche Versionen von Ärgervermeidung und Anerkennungssuche zurückführen: die Angst vor Konflikten und den Wunsch, den Frieden um jeden Preis zu erhalten (den Preis bezahlt man selbst und andere), sowie den Wunsch, sich selbst gut zu fühlen und von anderen gemocht zu werden.

Aber da ist auch die Empathieperspektive, wir wollen andere nicht enttäuschen, weil wir wissen, wie es sich anfühlt, enttäuscht zu werden. Deswegen fühlen wir uns sehr schuldig, wenn wir eventuell jemanden verletzt haben.

Um der Schuld auszuweichen, sagen wir oft Ja, obwohl wir eigentlich Nein sagen wollen. Aber wissen wir wirklich, wie die anderen sich in der jeweiligen Situation fühlen würden? Das glauben wir, aber wir können es nie tatsächlich wissen, wir können nur vermuten und annehmen. Beides basiert darauf, wie wir in dieser Situation reagieren würden, ein Konzept, das Psychotherapeuten »Projektion« nennen (als würden wir unseren eigenen Film auf die Leinwand eines anderen projizieren). Diese Annahmen sind oft jedoch überhaupt nicht korrekt, weil unser Film rappelvoll mit unserer Geschichte, unseren Erfahrungen, Ängsten und Verletzungen ist.

Wenn ich zum Beispiel jemanden entlassen müsste, hätte ich Angst davor, da ich davon ausgehe, dass es das Schlimmste ist, was demjenigen passieren kann. Ich hätte schnell eine Schreckensvision, wie er vor einem Haus-zu-verkaufen-Schild sitzt, die Kinder in Lumpen und vor ihm ein Bettelhut. Wohingegen meine Managerfreundin findet, dass sie ihm die Möglichkeit gibt, sich einen lebenslangen Traum zu erfüllen, wie die Welt zu umsegeln oder sich zum Zirkusakrobaten umschulen zu lassen. Sie sähe es als Chance, ich als Tragödie. Wer von uns hat recht?

Wahrscheinlich keine – weil jeder individuell auf Ereignisse reagiert. Wir müssen also unsere Vorstellung davon, wie jemand reagieren wird, wenn wir absagen, infrage stellen. Was passiert, wenn Freunde uns absagen? Oft sind wir erleichtert, egal wie gern wir sie haben, weil wir eigentlich früh ins Bett wollten. Warum kann es ihnen dann nicht genauso gehen? Versuchen Sie nicht, deren emotionale Reaktion vorherzusagen. Schlussendlich sind Sie nicht für deren Reaktion verantwortlich, Sie können nur für Ihre eigene verantwortlich sein. Das bedeutet jedoch nicht, dass Sie zu einem amoralischen Psychopathen werden, der keinerlei Mitgefühl für seine Mitmenschen hat. Experimentieren Sie mal damit, Ihre Empathie ein klein wenig runterzuschrauben, und warten Sie ab, was geschieht. Das ist alles, was ich vorschlage.

Überbucht

Paradoxerweise enttäuschen Nette am Ende doch oft andere, weil sie sich überbuchen, eben weil sie nicht Nein sagen konnten. Um niemanden im Stich zu lassen und weil uns Nein zu sagen so schwerfällt, sind wir dann manchmal (oder oft) überbucht, mit zwei oder drei oder mehr Verpflichtungen auf einmal.

Passiert Ihnen so etwas? Stehen unter Freitag in Ihrem Kalender auch oft solche Notizen, geschrieben mit unterschiedlichen Stiften:

Beim Kuchenstand in der Schule helfen. Bei X Getränke vorbeibringen. Für die Familie Abendessen kochen. Mit Y ins Kino. Bei Zs Geburtstagsparty vorbeischauen.

Schließlich erledigt man alles halbherzig (selbst das Kino ist dadurch verdorben, dass man sich fragt, wie lange die Werbung wohl dauert, wann der Film zu Ende ist und wie lange Y noch über ihn sprechen will, wann man also höflich gehen kann und wie lange man braucht, um Zs Party zu finden ...), manches mit schlechtem Gewissen (man musste durch das Familienabendessen hetzen und konnte nicht richtig mit den Kindern reden, da man losmusste, und zur Party schafft man es nur für ein paar Minuten, da der

Babysitter zu Hause gehen muss) oder gar nichts, da man sich Dienstag, Mittwoch und Donnerstag genauso überbucht hatte und Freitagnachmittag krank und erschöpft ins Bett gefallen ist. Klingt das bekannt?

Wie lautet also die Antwort? Wieder einmal es zu wagen, die Dinge etwas anders zu tun.

Täglich eine Enttäuschung

Trauen Sie sich, Ihre Annahme zu überprüfen, dass es zu Wut und Ablehnung kommt, dass Freunde sich angewidert von Ihnen abwenden und Sie ohne Freunde und ohne Einladungen zurücklassen anstatt mit dem Gefühl, beliebt und gefragt und geschäftig zu sein, aber manchmal (oft?) auch überlastet, erschöpft und verärgert.

Kirstys Woche der Enttäuschungen

Kirsty meldete sich freiwillig, dieses fortgeschrittene Verhaltensexperiment eine Woche lang auszutesten und ihr Tagebuch dazu mit uns zu teilen (die Namen wurden geändert):

Mittwoch Ich hatte drei Termine für heute Abend, weil ich niemanden enttäuschen wollte und feige war. Ich sollte Sean treffen, einen alten Studienfreund, der wegen der Kinder nur selten ausgehen kann; mit Marie ins Kino, die ich ewig nicht gesehen habe, weswegen ich ein schlechtes Gewissen habe; und dann erinnerte Paul mich daran, dass ich am selben Abend zu seiner Arbeitsveranstaltung gehen sollte! Mir war das Problem seit ungefähr einer Woche bewusst, aber wegen meines schlechten Gewissens verschob ich es immer wieder, M und S anzurufen, wodurch die Schuldgefühle und Selbstanklage, weil ich mich immer noch nicht bei ihnen gemeldet hatte, nur größer wurden ... Es hat mir viel Angst und Stress verursacht, weil ich befürchtete, sie zu enttäuschen. Am Ende schickte ich beiden eine E-Mail, ein feiger Ausweg. Beide akzeptierten es problemlos, aber wahrscheinlich wäre es besser gewesen, hätten sie es früher erfahren. Ich muss tapfer sein und den Leuten früher Bescheid sagen! Die beiden sind einfach, weil sie auch nett sind und sich nicht beschweren würden.

Donnerstag Heute Abend sollte ich mich eigentlich mit der furchterregenden Babs treffen, die beruflich hier ist. Aber je später es wurde, umso bewusster wurde mir, wie kaputt ich war und dass ich früh ins Bett musste, weil's gestern spät und feuchtfröhlich wurde und Max mich um sechs geweckt hat. Früher hätte ich nicht einmal daran *gedacht* abzusagen, ich hätte versucht, mich irgendwie fit zu machen, hätte Schokolade gegessen oder geduscht und wäre dann einfach gegangen. Und dort hätte ich nicht erwähnt, dass ich müde war, sondern hätte auf lebhafte Unterhaltung geschaltet oder was auch immer gerade erwartet wurde.

Aber da es die Woche der Enttäuschungen war, beschloss ich, die Kröte zu schlucken und die Chance zu ergreifen, etwas anders zu machen. Mein Angstfaktor war ziemlich hoch, da diese Freundin ihre Enttäuschung schon früher deutlich ausgesprochen hat. Sie ist gut im zornigen Schweigen, was auf meiner Empfindlichkeitsskala ziemlich weit oben liegt. Ich hatte SOLCHE Angst und verschob den Anruf bis 17 Uhr. Ich habe tief durchgeatmet und meinen Spruch wiederholt. In meinem Bauch rumorte es, und meine Hände zitterten. Überraschenderweise ging die Mailbox ran! Was für eine Erleichterung! Ich hinterließ meine Nachricht. Ich log nicht und suchte keine Ausrede. Ich sagte, ich sei zu müde und wolle früh ins Bett. Ich habe auch gesagt, dass ich hoffe, sie sei nicht zu enttäuscht, aber ich wisse ja, sie träfe noch andere Freunde. Ich hatte Angst und wartete auf ihren wütenden Rückruf. Ich konnte mich nicht auf die Gutenachtgeschichte konzentrieren. Habe dann eine SMS geschickt, falls sie meine Nachricht nicht gehört hatte. Schließlich rief sie an und war ... süß und lieb! Sie sagte, mach dir keine Sorgen, geh nur früh schlafen, wir sehen uns bald. Ich konnte es nicht glauben! Mein bisher mutigstes

Experiment! Ich kann gar nicht glauben, dass ich das nicht schon früher versucht habe. Fühle mich bestärkt darin, mehr zu tun.

Freitag Habe dem Immobilienmakler ein elegantes Nein serviert, er war etwas kühl, schickte aber später eine nette E-Mail. Ich war schuld, weil ich etwas zu begeistert über eine unpassende Wohnung gewesen war, weil ich ihn nicht verletzen wollte. Idiotisches Verhalten – Paul ist bei solchen Dingen sehr direkt. Was macht es mir aus, wenn mich der Immobilienmakler nicht leiden kann? Ich denke, im Geheimen möchte ich gern einer seiner Lieblinge sein …

Samstag Schwierige Kundin im Schönheitssalon. Ich habe ihr nicht gesagt, was sie hören wollte, sie wollte zusätzliche Zeit, aber ich muss mich an Grenzen halten – ein echter Kampf für mich. Als sie ging, fing sie an, mir eine traurige Geschichte über ihre Trennung zu erzählen, ich war wirklich hin und her gerissen. Ich fühlte mich fies und gemein, aber blieb bei meinen Grenzen (erwähnte den Boss, als Hilfe).

Sonntag Ich habe Nein zur Katze gesagt! Ich kann ihr einfach nicht widerstehen, wenn sie gestreichelt werden will: die großen Augen, das erbärmliche Miauen. Ich dachte immer, ich kann die Katze nicht ablehnen, sie wird dann so traurig und fühlt sich ungeliebt. Aber ich bin allergisch gegen Katzen, und selbst einmal streicheln lässt meine Augen rot werden und jucken, mein Hals zieht sich zusammen und kratzt, also stellte ich meine Bedürfnisse vor ihre und ignorierte sie. Woher soll ich überhaupt wissen, was die Katze denkt und fühlt? Jacqui würde sagen, ich habe mein inneres Kind auf die Katze projiziert!

Pauls Mutter kam zum Mittagessen. Ich versuchte, nicht die perfekte Schwiegertochter zu sein, und überließ es ihm, ihr Aufmerksamkeit zu schenken. Als sie anfing, über Pläne für die Familienweihnacht zu sprechen, sagte ich, dass wir noch nicht wüssten, was wir machen wollen, und es ihr später sagen würden. Sie sah extrem genervt aus, weil ich normalerweise zu allem Ja und Amen sage. Fühlte mich unwohl. Bisher die schlimmste Reaktion.

Montag Habe mit Max ein neues Schlaftraining begonnen. Ich setze strengere Grenzen bei der Schlafenszeit, und wenn er in unser Bett kommt, bringe ich ihn zurück in seins, freundlich, aber bestimmt. Im Buch heißt es, dass es innerhalb von 14 Tagen zu einer Änderung kommt. Ich hoffe es, weil es für uns alle schwer ist. Max hat über eine Stunde lang geweint, was mir das Herz gebrochen hat. Paul ist auf meiner Seite, das hilft.

Dienstag Die Heizung ist schon wieder kaputt! Ich fühle mich vom Installateur im Stich gelassen, obwohl ich Stunden und viel Tee investiert hatte, um eine Beziehung zu ihm aufzubauen, damit er uns gut behandelt. Am Telefon war ich ein bisschen stinkig zu ihm und sagte die Wahrheit – wir frieren! Marie sagte, ich solle eine Heizungsversicherung abschließen, dann weiß man, wo man dran ist, und muss keine Energie darauf verschwenden, nett zu sein.

Ich fragte Kirsty, wie sie sich nach dieser Woche fühlte. »Es ist erstaunlich, womit ich durchkomme. Die Leute machten sich viel weniger daraus, als ich gedacht hatte, und waren viel vernünftiger. Manches fühlte sich ein bisschen komisch an, aber ich kann Ihnen sagen, dieses einmalige frühe Zubettgehen hat mir die Kraft und Energie gegeben, das Schlaftraining mit Max zu beginnen, das hoffentlich sehr gut für meine Nerven sein wird!« »Was war das Schwierigste?«, fragte ich. »Auf jeden Fall meine Schwiegermutter. Ich glaube, sie war schockiert, dass ich nicht so unterwürfig wie sonst war. Danach war es ein bisschen angespannt, ich glaube, sie war richtig wütend auf mich.«

Kirsty und ich fanden beide, dass in Zukunft noch einige Herausforderungen auf sie zukommen würden, wenn sie dabei bliebe, nicht immer die Bedürfnisse anderer vor ihre eigenen zu stellen.

Bereiten Sie sich auf Abwehrreaktionen vor

Was Kirsty mit ihrer Schwiegermutter erlebte, war das Phänomen der Abwehrreaktionen, das von Harriet Lerner in ihrem Klassiker *Wohin mit meiner Wut?* so gut beschrieben wurde: Sie verändern die Regeln, indem Sie etwas anders tun, und die Menschen um Sie herum, die Sie unbewusst darauf trainiert haben, gewisse Dinge von Ihnen zu erwarten, werden – fast sicher – enttäuscht sein. Manche werden verletzt und verärgert sein und das deutlich machen (wie Kirstys Sohn), und andere werden es eher indirekt zeigen (wie ihre Schwiegermutter). Wieder andere werden aus Ihrem Leben verschwinden, wenn sie merken, dass die alten Regeln sich verändert haben, und sie nicht nach den neuen spielen wollen. Sie alle werden Sie wahrscheinlich auf die eine oder andere Weise wissen lassen, wie sie sich fühlen. Und das ist das Phänomen der Abwehrreaktionen.

Sie werden natürlich übersensibel auf diese Gefühle, die Sie Ihr gesamtes Leben vermieden haben, reagieren, sodass Ihr Gegenüber gar nichts zu sagen braucht, die leichte Andeutung eines verzogenen Munds oder schmaler Augen wird in Ihrem Gehirn den Bedrohungssensor, die Amygdala, zum Durchdrehen bringen (siehe »Der Tiger im Kopf«, Seite 260). Wenn das passiert, und das tut es fast unausweichlich, versuchen Sie sich daran zu erinnern, *warum* Sie sich überhaupt verändern wollten, was war Ihre Motivation? Behalten Sie Ihr Ziel im Auge. Vielleicht wollen Sie ein Vorbild für Ihre Kinder sein (wie Samantha es auf Seite 225 sagt), oder es ist ein wichtiger Schritt, um Ihre Gesundheit und Ihr Wohlbefinden zu verbessern (wie Amanda entdeckt, siehe Seite 73).

Versuchen Sie, bei Ihrem neuen, selbstbewussten Verhalten nicht zu schwanken, da das eine unklare Botschaft bedeutet und es den Menschen (besonders Kindern) erlaubt, an Ihren Aussagen zu zweifeln. Deren abwehrendes Verhalten kann Manipulation beinhalten, Schuldzuweisungen oder Strafen wie Schmollen oder Liebesentzug. Organisieren Sie die Unterstützung eines guten Freundes und bemühen Sie sich, stark zu bleiben, besonders wenn das Ziel schon nah ist. Und manchmal ist es eine gute Idee, Ihren Lieben ruhig und deutlich zu erklären, warum Sie die Regeln verändern und wie es für alle am besten läuft. Wenn Sie an Ihre Überlegungen glauben und daran, dass Sie das Recht haben, das zu tun, was Sie zu tun versuchen, dann stehen die Chancen gut, dass Sie auch sie überzeugen können.

Liz' Fortschritt

Liz, die nette Freundin aus dem dritten Kapitel, hatte seit über einem Jahr damit experimentiert, Leute zu enttäuschen, als ich sie kontaktierte, um nachzufragen, wie es lief. Sie schrieb mir in einer E-Mail:

»Ich habe das starke Gefühl, dass sich viele Dinge als Ergebnis meiner Therapie geändert haben. Ganz allgemein bin ich wohl ruhiger und weniger gestresst als früher. Obwohl ich den Stress nicht ganz aus meinem Leben verbannt habe, kann ich jetzt besser damit umgehen. Mir ist klar, dass ich das Gefühl hatte, dazu verpflichtet zu sein, meine Freunde regelmäßig zu sehen, und war in der Lage, das zu hinterfragen. Ich habe ziemlich gut »aufgeräumt«, wo es um meine Freunde ging. Diejenigen, die übrig geblieben sind, sind toll und machen mich glücklicher, aber es war eine lange und schwierige Reise. Ich habe jetzt ein paar enge Freunde, und das passt besser zu mir. Ich habe das Gefühl, meine Freundschaften viel besser kontrollieren zu können, da ich sie nicht mehr als Druck oder Verpflichtung empfinde.

Aber das beste Ergebnis ist die Beziehung zu meinen Kindern. Die ist so nahe an der Perfektion, wie sie wohl jemals sein wird. Ich habe gelernt, Dinge loszulassen und genau auszuwählen, wo sich das Kämpfen lohnt.

Das Resultat ist, dass wir uns viel näher sind, viel miteinander reden und mehr Zeit miteinander verbringen, und ihre Freunde verbringen mehr Zeit in unserem Zuhause als in ihrem eigenen. Ich habe immer noch manchmal das Gefühl, für selbstverständlich genommen zu werden, und zähle oft bis zehn, wenn das Haus durcheinander und chaotisch ist, ABER mir sind ein unordentliches Haus und eine enge Beziehung zu meinen Kindern lieber als umgekehrt.«

Kirstys und Liz' Geschichten zeigen relativ große, offensichtliche Enttäuschungen. Aber was ist mit subtileren? Was würde passieren, wenn wir bewusst *nicht* aufmunternd lächeln, über die Witze und Geschichten von Leuten *nicht* lachen, *keine* interessierten Fragen stellen und *nicht* die gute Vermittlerin spielen? Ich nenne das Mikroenttäuschungen.

Penny, Männer und Mikroenttäuschungen

Bei einem meiner Workshops ging es um diese Idee der Mikroenttäuschungen, und ich fragte die Gruppe, ob ihnen eigene Beispiele einfielen. Eine Frau meinte, dass sie so etwas tue, besonders bei Männern. »Ich möchte nicht arrogant klingen«, sagte sie verlegen, »aber

Männer verknallen sich oft in mich, selbst wenn ich sie nicht einmal mag. Ich glaube, ich habe mein Leben lang das getan, was Sie beschreiben, aber es war mir nie richtig bewusst, und ich wusste nicht, dass man auch anders sein kann.« Penny, eine auffallende Schulleiterin Mitte 50, lachte, weil sie es leider wiedererkannte. »Hört mal«, sagte sie und öffnete sich mutig der Gruppe, »ich bin drei Mal verheiratet gewesen, weil ich die Männer, die mich heiraten wollten, nicht enttäuschen wollte.« Ich übertreibe nicht, wenn ich sage, dass man deutlich hörte, wie die anderen laut einatmeten. »Du machst Witze, oder?«, fragte die Frau neben ihr. »Ich wünschte, es wäre so«, erwiderte Penny kleinlaut. »Mein letzter Mann machte mir am Valentinstag einen Antrag, in einem wunderschönen Restaurant. Als er den Ring herausnahm, sah ich in seinen Augen, wie verletzlich er war, und auch die Angst, ich könnte ihn ablehnen, und ich brachte es einfach nicht über mich, Nein zu sagen. Während ich Ja sagte, wusste ich, dass ich ihn nicht heiraten wollte und er nicht der Richtige war, aber ich hätte es nicht ertragen, den Schmerz und die Enttäuschung in seinem Gesicht zu sehen.« »Wow«, sagte ihre Nachbarin. »Hast du im Moment einen Freund?« »Ich habe sogar heute Abend eine Verabredung mit einem Mann, den ich mag, aber nicht so sehr, und ich überlege, ob ich damit experimentieren könnte, weniger begeistert zu sein, weniger über seine schlechten Witze zu lachen und insgesamt etwas kühler zu sein, etwas echter. Es wird aber schwer. Alte Gewohnheiten sind hartnäckig.«

Im elften Kapitel werden wir erfahren, wie es mit Pennys Verabredung weiterging. Bis dahin ein weiteres fortgeschrittenes Verhaltensexperiment.

Weniger helfen – tun Sie nichts

Könnten Sie damit experimentieren, nichts zu tun und sich nicht zu melden, wenn ein Freiwilliger gesucht wird (oder manchmal nicht mal offiziell gesucht)? Wie viele strikte persönliche Regeln brechen Sie, wenn Sie sehen, dass Hilfe benötigt wird, und nichts tun? Andere Leute haben immer Bedürfnisse, die Nachfrage ist unendlich. Aber was ist mit *Ihren* Bedürfnissen, was wird aus ihnen bei dieser Überzeugung?

Ich stand vor Kurzem vor dieser Herausforderung. Ich wartete auf den Bus Nummer 46, und ein kleines Drama spielte sich ab. Eine Frau kam angelaufen, sie sah etwas panisch aus und fragte die Leute in der Schlange, wohin der Bus fährt und wann er kommt. Eine Minute später sah ich auf, und sie und eine andere Frau aus der Schlange standen an der Straße und winkten wild nach einem Taxi. Ich saß auf der Holzbank hinter der Bushaltestelle, nippte an meinem Kaffee und genoss den seltenen Frühlingssonnenschein auf meiner blassen Winterhaut (siehe »Bewerten Sie Ihren Tag«, Seite 151), ich merkte, wie ich mich anspannte. Ich spürte die Angst sowohl von Frau A als auch von Frau B, als sie versuchten, einen Wagen anzuhalten. Ihre Körpersprache war angespannt und verzweifelt. Ich begann, eine Geschichte um das herum zu spinnen, was ich sehen konnte: Frau A musste zu einem dringenden Termin, aber sie hatte sich verlaufen und war spät dran, und Frau B versuchte vergeblich, ihr zu helfen. Ich merkte, wie die netten neuronalen Verbindungen in meinem Gehirn ansprangen und mir sagten: *Hilf ihnen! Misch dich ein!* Aber stattdessen atmete ich ein paar Mal tief durch und fragte mich: Kann ich wirklich mehr tun, als sie bereits tun?

Ich konzentrierte mich ganz bewusst auf die körperlichen Empfindungen im Hier und Jetzt, den Geschmack meines Kaffees, die Sonnenwärme, und versuchte, mich zu beruhigen. Als ich das nächste Mal aufsah, war Frau A weg, anscheinend hatte sie ein Taxi erwischt oder eine Lösung für ihre Situation gefunden. Was auch immer es war, meine Hilfe war nicht nötig gewesen.

Mischen Sie sich nicht ein. *Tun Sie nichts.*

Wie man um Hilfe bittet

Meistens ist die Kehrseite des oben beschriebenen Verhaltens und der Überzeugungen, die dazu führen, zu oft helfen zu wollen, die große Schwierigkeit, selbst um Hilfe zu bitten. Ich zähle das zu den fortgeschrittenen Verhaltensexperimenten, weil es für viele Nette das Allerschwierigste ist. Zucken Sie beim Lesen zusammen? Oder wollten Sie, was wahrscheinlicher ist, diesen Abschnitt ganz überspringen, weil Sie gar nicht daran denken wollen?

Patienten erzählen mir oft, warum sie nicht um Hilfe bitten können. Die üblichen Gründe sind unterschiedliche Versionen von strikten persönlichen Regeln wie: Ich muss immer stark, selbstständig und unangreifbar sein. Wenn man sie dann bittet, darüber nachzudenken, wie sie sich fühlen würden, wenn sie doch um Hilfe bitten, dann taucht unausweichlich der Umkehrschluss der Regel auf: Wenn ich um Hilfe bitte, gelte ich als schwach, bedürftig und verletzlich, die anderen könnten das ausnutzen, und ich stehe in ihrer Schuld. Andere häufige Regeln sind meist Versionen von Kontrolle und Perfektionismus, zum Beispiel: Es ist sinnlos, jemanden um Hilfe zu bitten, weil es sowieso niemand richtig macht, es ist einfacher und schneller, wenn ich alles allein mache.

Dieser Gedankengang führt natürlich zu Groll,

Selbstaufopferung, Isolation und der Überzeugung: Ich stehe ganz allein mit all dieser Verantwortung, und niemand kann mir helfen.

Susies Geschichte

Erinnern Sie sich an Susie aus dem ersten Kapitel, die mit ihren fünf Geschwistern bei einer verwitweten Mutter aufwuchs, die drei Jobs hatte, um über die Runden zu kommen? Die unausgesprochene Familienregel lautete: Erzähl niemandem von dir und bitte niemanden um Hilfe, wir halten zusammen und schaffen es allein. Susie hat diese Regel ins Erwachsenenalter mitgenommen, und auch wenn sie keine Probleme damit hatte, ihre Kinder darum zu bitten, ihren Anteil zu übernehmen (so wie sie und ihre Brüder es getan hatten), so vertraute sie sich nur selten jemandem an und bat *niemals* andere um Hilfe, außer sie konnte sie irgendwie bezahlen.

Wir arbeiteten in unseren Sitzungen monatelang daran. Susie, eine sehr einsichtige Frau, sah schnell die Verbindung zwischen der Tatsache, dass sie sich emotional isoliert fühlte, da niemand sie kannte oder verstand, und der Tatsache, dass sie ihre Gedanken und Gefühle, die nicht in Richtung »Ich bin stark und komme klar« gingen, mit niemandem teilte. »Sie halten mich alle für diese omnipotente Superfrau!«, beschwerte sie sich bei mir. »Aber warum denken sie das?«, fragte ich. »Nur Sie können es wagen, ihnen die Wahrheit zu sagen, nämlich dass Sie ein Mensch sind, der sich anstrengen muss, genau wie wir alle.« Aber das fühlte sich für Susie zu riskant an, um überhaupt darüber nachzudenken. Sie wusste, dass es daran lag, dass ihr inneres Kind Angst hatte, gegen die Familienregeln zu verstoßen, auf einer bestimmten Ebene fühlte es sich wie eine Frage von Leben und Tod an, aber es war schwer, ihr inneres Kind davon zu überzeugen, dass ihr erwachsenes Ich den Sprung wagen sollte.

Ermutigt und unterstützt von unserer Therapiearbeit, fing Susie an, diese wichtigen Risiken einzugehen. Sie befreundete sich mit zwei anderen Müttern und begann, ihnen gegenüber Aspekte ihres wahren Ichs zu enthüllen, die sie bisher streng geheim gehalten hatte. Sie bat sie auch um praktische Hilfe. Sie holten ihre Kinder einmal wöchentlich von der Schule ab, sodass sie einen Fortbildungskurs machen konnte, der wichtig für ihre Selbstfindung war.

Jessicas Fortschritt

Die Familienethik der netten Kollegin Jessica war auch eine, bei der man allein weitermarschierte und nicht um Hilfe bat. Bei der Arbeit Fragen zu stellen erschien

251

ihr peinlich und dumm, da sie schließlich *wissen* sollte, was zu tun ist, oder es wenigstens selbst herausfinden sollte. Doch während sie tapfer ihre Angsthierarchie abarbeitete (siehe achtes Kapitel), erreichte Jessica einen Punkt, an dem ihr klar wurde, dass sie ihren Boss um Hilfe bitten musste, was das Grenzensetzen und Neinsagen gegenüber Kollegen anging, die unvernünftige Bitten hatten. Sie konnte das nicht allein tun. Hier ist ein Eintrag aus ihrem Therapietagebuch:

Mich meinem Abteilungsleiter gegenüber zu öffnen war ein großer Schritt. Ich habe gesagt, dass es mir schwerfällt, einige der Bitten und Abgabetermine, die unvernünftig sind, abzulehnen. Das fühlte sich ziemlich beängstigend an, weil ich praktisch die Kollegen kritisierte, die auf den letzten Drücker mit Bitten zu uns kamen. Aber er meinte, ich habe recht! Er schlug vor, dass ich zunächst allein versuchen solle, alles zu regeln, und dass ich jederzeit auf ihn verweisen könne, sollte das nicht funktionieren. Und manchmal genügte das Wissen, dass er neben mir saß, wenn jemand mit einer Bitte kam, um mir das Selbstvertrauen zu geben, sie ganz allein abzulehnen.

Ich fragte Jessica, wie es sich anfühlte, als es ernst wurde und sie die ersten Kollegenbitten ablehnte. »Ich war zuerst sehr nervös«, sagte sie mir. »Aber mit Übung wurde es einfacher. Ich glaube, die Leute haben sich daran gewöhnt, dass sie auch mal ein Nein hören.« Sie lächelte. »Wissen Sie, was die größte Überraschung war? Dass die häufigste Antwort, wenn ich sagte, ich könne etwas nicht erledigen, war, dass es in Ordnung sei!«

Wohin führt Sie diese Idee?

Sie müssen nicht *täglich* jemanden enttäuschen. Und Sie sollten sicher keine Enttäuschungen erfinden, nur um Klassenbester zu werden. Ich habe es so genannt, damit es eingängig ist, und um einige Herausforderungen, die unüberwindlich und beängstigend wirken können, etwas spielerischer erscheinen zu lassen. Eine Freundin sagte mir, dass sie oft daran denkt, wenn sie im Verkehrsstau steckt, es bringt sie dann zum Grinsen, weil ihre selbst auferlegte Rolle die ist, sich emotional um die Leute zu kümmern, alle glücklich zu machen und sie um Himmels willen nicht zu enttäuschen! Aber sie sagt, dass es ihr ein Gefühl von Möglichkeiten verleiht – dass alles anders sein könnte, dass sie keine fiese und gemeine Person ist, wenn sie manchmal versucht, etwas anders zu machen. »Ich habe sogar damit angefangen, nicht automatisch *jeden* Fahrer vor mir in die Schlange zu lassen!«, sagte sie mit einem Augenzwinkern.

Erinnern Sie sich: Nur weil Sie anfangen, mehr auf Ihre eigenen Bedürfnisse zu achten, sind Sie kein schlechter oder egoistischer Mensch. Sie werden feststellen, dass Sie freier und aufrichtiger geben, wenn Sie dann geben, und das ist für alle besser.

Zusammenfassung

Dieses Kapitel beschäftigte sich mit weiteren Experimenten, um Ihre alten, gewohnheitsmäßigen netten Gedankengänge und Verhaltensweisen zu durchbrechen:

- Es gibt einen Unterschied zwischen jemanden im Stich lassen und jemanden enttäuschen. Sie sind nicht für die Gefühle anderer verantwortlich.
- Man kann die Reaktion anderer nicht voraussetzen. Sie könnten auch erleichtert sein, dass Sie absagen, weil sie früh zu Bett wollten.
- Seien Sie darauf vorbereitet, dass Leute versuchen werden, Sie wieder zu Ihrem alten Fluch des netten Verhaltens zurückzubringen, und das durch unterschiedliche – direkte und indirekte – Kommunikation. Versuchen Sie, stur zu bleiben, und konzentrieren Sie sich auf den Grund für die Veränderung.

- Helfen Sie weniger, tun Sie nichts, anstatt sich vorschnell freiwillig zu melden.
- Experimentieren Sie damit, Ihre wunden Punkte mit Vertrauten zu teilen und um Hilfe zu bitten, sowohl emotional als auch praktisch.

10. Kapitel:

Seien Sie bereit für das Unerwartete

Wenn Sie ein paar Verhaltensexperimente (und sogar einige fortgeschrittene Verhaltensexperimente) ausprobiert haben, werden Sie hoffentlich mehr Selbstvertrauen haben und fähig sein, mit schwierigen Situationen und Menschen umzugehen, wenn Sie die Möglichkeit hatten, Ihre Strategie zu durchdenken und einen Plan auszuarbeiten. Ich nenne das *proaktives* Verhalten, weil Sie die Situation bis zu einem bestimmten Punkt beeinflussen und vorantreiben. Nehmen Sie mein Experiment des Kleiderumtauschs (siehe Seite 207): Ich konnte die Zeit und den Tag bestimmen, wann ich hinging, und hätte daher theoretisch warten können, bis ich mich stark genug fühlte, um diese beängstigende Situation zu meistern. Ich konnte nicht beeinflussen, wie man auf mich reagieren würde, aber da ich meinen Plan ausgearbeitet hatte, hatte ich überlegt, wie ich auf verschiedene Möglichkeiten reagieren könnte, inklusive meiner

Phantasieversion eines echten, körperlichen Kampfes (ein bisschen wie eine Kneipenschlägerei aus Hollywood), und hatte passende Werkzeuge für das Ereignis ausgewählt und poliert.

Notfallstrategien

Viele unserer schwierigsten Begegnungen im Leben sind jedoch – natürlich – *reaktiv:* Sie sind völlig ungeplant und unerwartet, und wir sind gezwungen, aus dem Stegreif auf andere Menschen und ihre manchmal starken Gefühle zu reagieren. Selbst bei unvorhersehbaren Umständen gibt es aber Strategien, die uns helfen können, damit umzugehen.

Ich möchte mit etwas Sanftem, aber extrem Wirkungsvollem beginnen. Unser Atem hat die Kraft, eine Veränderung zu bewirken. Das klingt jetzt vielleicht etwas simpel, aber ich habe die verändernde Kraft von bewusstem Atmen erfahren und würde sie gern mit Ihnen teilen. Lassen Sie es mich an einem Beispiel verdeutlichen.

Vor Kurzem habe ich in Holland einen Trainingsworkshop für eine internationale Belegschaft geleitet. Eine Teilnehmerin sah mürrisch und verärgert aus, so als wollte sie überhaupt nicht hier sein, als wäre sie lieber überall, aber nicht in diesem stickigen Arbeitszimmer an einem der wahrscheinlich letzten sonnigen Tage des Sommers. Sie sah mich düster an und informierte mich missmutig und in einem rauen, schlecht gelaunten Tonfall, dass sie ganz vorn sitzen müsse, weil sie etwas schwerhörig sei, und dass ich lauter sprechen müsse (ich glaube, da hatte ich noch gar nichts gesagt).

Nachdem ich ungefähr zehn Minuten lang geredet hatte, machte ich eine Pause und bat um Feedback von der Gruppe. Olga, die schwierige Teilnehmerin, motzte: »Ich habe kein Wort gehört.« »In Ordnung«, sagte ich und spürte, wie die kalten Finger der Angst meinen Körper hinaufkrochen, setzte aber ein freundliches Lächeln auf (das fast sicher nicht bis zu meinen Augen reichte). »Kann irgendjemand für Olga zusammenfassen, was ich gerade gesagt habe?« Aber noch bevor jemand antworten konnte, warf Olga ein: »Das ist nicht nötig. Ich weiß das alles schon. Psychologie ist mein Hobby. Es gibt nichts, was Sie mir beibringen könnten.«

Jetzt, da ich es aufschreibe, lache ich, aber damals wollte ich in Tränen ausbrechen und weglaufen. Oder vielleicht ihr eine knallen. Kämpfen, Fliehen oder Erstarren, die körperlichen Reaktionen auf eine Bedrohung (siehe Seite 96) stellen sich sehr schnell ein. Mein Magen krampfte sich vor Panik zusammen, meine Schultermuskulatur wurde hart wie Stein und mein Mund trocken. Der Detektor für Bedrohung in meinem

Gehirn, die Amygdala, drehte durch, wie eine nicht zu überhörende Autoalarmanlage: »NAA NAA NAA! Raus hier! Verlass sofort das Gebäude! Bleib nicht stehen, um dein Flipchart mitzunehmen! Das ist eine Bedrohung! Du könntest sterben!« (In meiner Journalistenausbildung habe ich gelernt, nie Ausrufezeichen zu benutzen, aber ich bin der Meinung, dass die Amygdala in solch panischen Rufen zu uns spricht.)

Der Tiger im Kopf

Über Millionen Jahre, bevor sich beim Menschen die Gehirnregionen entwickelten, die sich mit höheren kognitiven Fähigkeiten wie Denken, Planen und Problemlösen beschäftigen, arbeitete die Amygdala als hochempfindlicher Detektor für Bedrohungen, um uns am Leben zu halten, damit wir unsere Gene weitergeben konnten. Wenn unsere prähistorischen Ahnen in der entfernten Savanne zum Beispiel eine Bewegung wahrnahmen, die eventuell von einem Raubtier wie dem Säbelzahntiger stammte, schaltete sich die Amygdala ein, und das, was wir heute die Stressreaktion nennen, ging los: Adrenalin strömt durch den Körper, das Herz schlägt extra schnell und pumpt Blut in die Glieder, um es mit dem Tiger aufzunehmen (Kampf), um sein Leben zu rennen (Flucht) oder sich im Gras zu verstecken (Erstarren).

Patienten finden es sehr hilfreich zu erfahren, dass unsere Stressreaktionen von etwas geleitet werden, das wir kaum kontrollieren können, das aber im evolutionären Sinn absolut vernünftig ist.

Heute sind wir Menschen hochentwickelte Wesen mit komplexen kognitiven Funktionen. Wir müssen nicht mehr ständig auf der Hut vor wilden Tieren sein. Aber unsere leistungsfähige Amygdala ist immer noch stets in Alarmbereitschaft und reagiert auf das kleinste Anzeichen von Gefahr, auch wenn die Bedrohungen heute meist in Form von Gedanken erscheinen. Sie sind die Tiger in unserem Kopf anstatt die in der Savanne.

In meinem Trainingsworkshop war Olga natürlich keine körperliche Bedrohung, aber ich spürte ihre Wut, die sofort meine Stressreaktion auslöste.

Wenn uns diese körperliche Reaktion einmal im Griff hat, ist es für uns fast unmöglich, ruhig und logisch zu denken, da die Amygdala das Gehirn dominiert und die Bereiche für kognitive Funktionen einschränkt oder blockiert. »Ich kann nicht klar denken!«, ruft (oder denkt) man dann vielleicht, und oft ist das absolut wahr. Um einmal die Metapher der Autoalarmanlage zu benutzen, wenn der Alarm ausgelöst wird, werden alle Funktionen für den Autoschlüssel blockiert, sodass niemand ins Auto kommt oder es anlassen kann. Genau wie dieses Auto nicht starten wird, tut das auch nicht unser denkendes Gehirn.

Die Atmung ist der Schlüssel

An dieser Stelle kommen wir wieder zur simplen, aber extrem wirkungsvollen Idee der Kraft unserer Atmung zurück. Wir können die Macht der jahrhundertealten, eingebauten Autoalarmanlage brechen und die denkenden Bereiche unseres Gehirns aktivieren, wenn wir uns bewusst auf unsere Atmung konzentrieren und darauf achten, wie wir ein- und ausatmen.

Im Grunde können Sie sich Ihrem lauten, panischen Auto (NAA, NAA, NAA) nähern, drei Mal tief einatmen, und dann funktioniert der Schlüssel wieder, die Tür lässt sich öffnen, der Zündschlüssel lässt sich umdrehen, und Sie können auf Ihr Ziel zufahren. Dazu braucht man ein bisschen Übung, aber es ist erstaunlich effektiv. Man hat manchmal das Gefühl, es würde ewig dauern, aber in Wirklichkeit dauern drei ruhige, bewusste Atemzüge nur wenige Sekunden und können Ihnen genau die Pause verschaffen, die Sie brauchen, um vom Schrecken des Tigers im Kopf weg und hin zu den ruhigen, problemlösenden Bereichen Ihres Gehirns zu kommen.

Bei Olga erinnerte ich mich an die Kraft meiner Atmung. Ich atmete sehr langsam und bewusst ein und aus. Ich meine, ich starrte nicht auf meinen Bauch, sondern wurde mir meiner Atmung bewusst, sah sie mit dem inneren Auge an, wenn Sie so wollen, und spürte, wie sie beim Einatmen meinen Bauch gegen meinen Hosenbund drückte. Dann lächelte ich Olga an, und mir wurde bewusst, dass sie hinter ihrem Angst einjagenden, wütenden Gesicht wahrscheinlich *selbst* Angst hatte.

Nach einem Konzept der Psychotherapie tritt unser Verhalten immer in reziproken Paaren auf, sodass Olga hier sowohl Angst einflößte als auch selbst hatte. Aber wir können unsere Empathie gegenüber einer bedrohlich wirkenden Person erst dann aktivieren, wenn unsere Amygdala (unsere Autoalarmanlage) ausgeschaltet wurde, da Empathie eine höhere Hirnfunktion ist, die nicht funktioniert, wenn wir in der Kampf-oder-Flucht-Reaktion feststecken. Nachdem ich die Alarmanlage durch tiefes Atmen ausgeschaltet hatte, konnte ich meine empathische Reaktion einschalten. Meine Erfahrung aus der Arbeit mit schwerhörigen Patienten sagte mir, dass das wahrscheinlich der Grund für ihre Angst war, und ich versicherte ihr, dass ihr Wissen sehr willkommen sei, und bat sie, mir auszuhelfen, sollte ich irgendwelche wichtigen Punkte übersehen.

Egal, was Sie von meiner Lösung halten und wie anders Ihre ausgesehen hätte, das Wichtige hier ist, dass ich *überhaupt* Zugang zu meiner Fähigkeit, Probleme zu lösen, bekam und aus der schwierigen Situation herausfand. Meine Lösung funktionierte überraschenderweise wunderbar, und Olga wurde meine Ehrenassistentin und Unterstützerin, die am Ende des Workshops am lautesten applaudierte.

Atemübung

Konzentrieren Sie sich zunächst auf Ihre Atmung. Folgen Sie einige Momente lang dem Ein- und Ausatmen. Es hilft, wenn Sie sanft eine Hand auf Ihren Bauch legen, um zu fühlen, wie er sich hebt und senkt. Er wird beim Einatmen gedehnt und wird wieder flacher, wenn Sie ausatmen. Konzentrieren Sie sich nur auf das Atmen, ohne es ändern zu wollen, es wird Ihre Aufmerksamkeit auf den Augenblick lenken und Sie von hinderlichen Gedanken, die Ihnen vielleicht gerade durch den Kopf gehen und bei Ihnen Angst und Anspannung verursachen, ablenken.

Sie können noch einen Schritt weitergehen, indem Sie aktiv Ihre Atmung verlangsamen, atmen Sie dafür etwas länger ein und aus. Es ist recht hilfreich, beim Einatmen bis drei zu zählen und beim Ausatmen bis fünf. Diese Atemübung hilft sehr dabei, ruhiger zu werden und wieder klar denken zu können.

Angst vor der Wut

Wie wir im zweiten Kapitel gesehen haben, geht unsere Angst vor der Wut meistens auf unsere Kindheit zurück, als wir im Umgang mit der Wut der Menschen um uns herum relativ machtlos waren. Als kleine Kinder waren wir von den Erwachsenen abhängig, die sich um uns kümmerten, und wenn deren Wut uns Schaden zufügte oder uns ängstigte, dann konnten wir kaum etwas dagegen unternehmen. Wenn man ein abhängiges Kind ist, dann sind die Stressreaktionen Kampf und Flucht keine langfristige Lösung, während zu erstarren wahrscheinlich die am wenigsten wirkungsvolle Verteidigung ist. Die unberechenbare Art eines Wutanfalls bedeutet, dass die »Lösung« eines Kindes oft in dem Versuch liegen wird, das eine, was es kontrollieren kann, auch zu kontrollieren, nämlich sein eigenes Verhalten, um die unberechenbare Person nicht zu »provozieren«. Und damit beginnt oft das Verhaltensmuster von netten Kindern, die zu netten Erwachsenen werden, sie sind überempfindlich für jegliches Anzeichen von bevorstehender Wut bei anderen und Experten in der Kontrolle oder dem Unterdrücken der eigenen Wut.

Es ist wichtig, sich bewusst zu werden, dass die eigene Angstreaktion oft die des kleinen, machtlosen Kindes ist, das man einmal war, und für die aktuelle Bedrohung und die erwachsene Fähigkeit, damit umzugehen, völlig überdimensioniert. Wieder ist die Amygdala dafür verantwortlich: Sie speichert alte Erinnerungen an bedrohliche Situationen und hat kein Zeitgefühl. Als ich zum Beispiel Olgas zusammengebissene Zähne und zusammengekniffene Augen sah, reagierte meine Amygdala-Alarmanlage, als wäre ich drei Jahre alt und bekäme gleich eine Ohrfeige. Diese Kinderangst (siehe Seite 165) steckt hinter vielen unserer Reaktionen. Wir reagieren »historisch« und nicht in der Gegenwart.

Verankern Sie sich

Ich halte die Achtsamkeitstechnik des »Verankerns« im Hier und Jetzt für ein wirksames Gegenmittel gegen die Kinderangst. Die Idee dahinter ist, die eigenen Sinne zu nutzen, um sich wieder in die Gegenwart zu bringen, das Hier und Jetzt durch Fühlen, Schmecken, Riechen, Hören und Sehen zu erfahren. Man kann zum Beispiel den Boden unter den Füßen fühlen und sich so wortwörtlich auf den Boden zurückholen. Diese Vorschläge, sich zu verankern, haben meinen Patienten auch gefallen:

- Ein Schmuckstück, das man trägt, berühren, besonders wenn es vielleicht einen sentimentalen Wert hat, weil man es von einem lieben Menschen bekommen hat.
- Den Stoff der eigenen Kleidung fühlen.
- Das Parfum riechen.
- Einen Schluck Wasser trinken.
- Auf die Atmung achten.

Alles das kann Sie wie ein Anker zurück in den Augenblick holen.

ALARM – Die »Atmen, Loben, Akzeptieren, Respektieren«-Methode

Diese Technik nutzt die Vorstellung, mit der Kraft Ihrer Atmung plötzliche Angstgefühle zu vertreiben, und geht noch einen Schritt weiter, sie leitet dazu an, die beängstigende Person zu entwaffnen, sodass sie sich sicher fühlt und Sie sich nicht mehr angegriffen.

Meine Kollegin Val Sampson und ich haben die Abkürzung ALARM entwickelt, als wir Workshops auf der Grundlage ihres Buchs *Tantra: The Art of Mindblowing Sex* gaben. Wir haben sie speziell für Paare entworfen, die intime Probleme hatten, aber nicht darüber reden konnten, sodass sie Gespräche über genau das Thema, das ihre Beziehung verändern könnte, vermieden.

Die Idee hinter ALARM ist, dass man sich in einem Moment voller Angst und Stress leicht an das Wort erinnert und wahrscheinlich auch daran, wofür die ersten zwei Buchstaben stehen, was eventuell schon genügt, um den Augenblick zu retten. Sowohl Val als auch ich selbst haben vielen Patienten die ALARM-Technik beigebracht, die sie dann bei vielen unterschiedlichen schwierigen Menschen und Gesprächen genutzt haben, und zwar alle mit sehr positiven Ergebnissen.

A steht für Atmen

Atmen kann uns nicht nur aus den Klauen des Adrenalinrauschs Kampf, Flucht oder Erstarren zu ruhigeren, rationaleren Bereichen des Gehirns führen, es kann auch die starken nonverbalen Signale, die wir ausstrahlen, wenn wir Angst haben, mildern. Wie bereits erwähnt, zeigen Studien durchgehend, dass nur ein winziger Teil unserer Kommunikation über die tat-

sächlich gesprochenen Worte verläuft und der Großteil über den Tonfall und vor allem über die Körpersprache (siehe Seite 173). Und viel davon ist die
sogenannte mikro-nonverbale Kommunikation des
Gesichts, besonders der Augen. Wenn wir wissen, dass
wir etwas Schwieriges zu unserem Partner sagen werden, oder wir auf etwas Schwieriges reagieren, das er
gesagt hat, dann ist unser Gesicht oft angespannt, weil
wir Angst haben, und das Gegenüber bemerkt diese starken nonverbalen Zeichen. Leider gleichen viele
der Anzeichen für Angst denen für Wut: Unser Kiefer
ist angespannt, was verärgert aussieht, eine gerunzel-
te Stirn und unsere winzig kleinen Pupillen lassen unser Gesicht hart, kalt und feindselig aussehen. Sodass
unser Partner (oder Freund/Boss/Kind/Mutter/Vater/
Kollege) leicht glauben kann, dass wir wütend sind,
und innerhalb einer Nanosekunde wird seine Amygdala den Körper zu einer defensiven oder aggressiven
Reaktion bringen (Kampf oder Flucht).

Wenn Sie die Anspannung bewusst aus Ihrem Gesicht wegatmen, bevor Sie sprechen oder antworten,
wird das Ihre nonverbalen Zeichen deutlich sanfter
machen. Überprüfen Sie, dass Sie Ihre Zähne nicht
zusammenbeißen, bewegen Sie Ihren Kiefer, um die
Anspannung zu lockern, schauen Sie sogar in einen
Spiegel, wenn Sie die Möglichkeit dazu haben, um
nachzusehen, welche Botschaft Ihr Gesicht sendet.

(Die meisten Menschen wären schockiert, wenn sie eine Videoaufnahme von sich selbst während eines schwierigen Gesprächs sehen würden.)

L ist für Loben

Die Idee dahinter ist, dass Sie der schwierigen Person oder in der schwierigen Situation etwas aufrichtig Lobendes sagen, sodass Ihr Gegenüber sich sicher fühlt und nicht feindselig, defensiv oder aggressiv. Es geht dabei nicht um Manipulation, also sagen Sie nichts, was Sie nicht ehrlich denken, nur um ihm Honig ums Maul zu schmieren. Ihr Gegenüber wird Ihre Unaufrichtigkeit spüren, und der Schuss geht nach hinten los. Es ist auch hilfreich, wenn Ihnen etwas Spezifisches und Beschreibendes einfällt anstatt etwas Allgemeines. Es wäre zum Beispiel besser, wenn Sie zu Ihrem Partner etwas in der Art sagen: »Ich liebe es, wenn wir abends aneinandergekuschelt die Nachrichten sehen« anstatt »Du weißt, dass ich dich liebe«.

A steht für Akzeptieren

Beim Akzeptieren geht es darum, mit ganzer Aufmerksamkeit zuzuhören, ohne zu seufzen, zu unterbrechen oder auch nur die Augenbrauen hochzuziehen. Jeder von Ihnen wird seine eigene Wahrheit über eine Situation haben, und auch wenn es verführerisch ist, sich auf das verbale Tauziehen – »Sieh es doch mal aus meiner Perspektive.« »Nein, sieh du es aus meiner.« – einzulassen, so hinterlassen solche Kämpfe Schäden in jeder Beziehung, sei es zu Hause oder auf der Arbeit. Wenn Sie einmal akzeptiert haben, dass der andere eine andere Wahrheit hat als Sie selbst und er dazu das Recht hat, dann können Sie beginnen, das Problem auf eine fruchtbare und respektvolle Art zu lösen.

R steht für Respektieren

Es ist erstaunlich, wie respektlos wir mit denen, die uns am nächsten stehen, oft sprechen. Ganz klassisch der (tatsächliche oder metaphorische) Fingerzeig und Vorwurf, der mit dem Wort »du« beginnt: »Du machst nie X«, »Du sagst immer Y«, »Du bist so ein Z«, meist in einem Tonfall irgendwo zwischen lieblos und verächtlich.

Bevor Sie den Mund öffnen und sprechen, fragen Sie sich: Benenne, beschäme oder beschuldige ich den anderen? Und versuchen Sie stattdessen, Ihre Gedanken und Gefühle in eine Aussage zu packen, die mit »ich« beginnt.

Hier ist ein Beispiel dazu aus einem unserer Workshops. Eine Frau erzählte uns, wie sie am Anfang eines Wochenendes anlässlich ihres Hochzeitstages ein wunderschön verpacktes Geschenk öffnete und darin ein winziges PVC-Kleid fand. Negative Gedanken und Gefühle gegenüber ihrem Ehemann überkamen sie:

Wie konnte er das nur tun? Für wen hielt er sie – für seine nuttige Ex? Liebte er sie denn überhaupt nicht? Hatte sie einen schrecklichen Fehler begangen? Enttäuschung, Schock, Scham, Wut, Minderwertigkeitsgefühle und Angst – alles empfand sie durcheinander.

Sie drückte ihre Gedanken deutlich aus, er schrie zurück, und ihr romantisches Wochenende war ruiniert. Im Workshop überlegte sie, wie es hätte anders laufen können, hätte sie ALARM benutzt.

Nach dem Atmen (**Atmen**), um die Panik zu mildern, dachte sie an etwas aufrichtig Lobendes, was sie ihm sagen sollte (**Loben**): »Ich finde es toll, dass du dir die Mühe gemacht hast, mir ein Geschenk zu kaufen, und (**Akzeptieren**) mir ist klar, dass du damit gern experimentieren möchtest. Aber ich fühle mich in etwas so Knappem nicht wohl (**Respektvolle Ich-Aussage**).«

Die Werkzeuge in diesem Kapitel helfen Ihnen, den Weg zum Dialog und zur gemeinsamen Problemlösung zu beschreiten anstatt zum Kampf, bei dem einer den anderen angreift und der andere sich verteidigt, was schnell in einen Teufelskreis führt.

Zusammenfassung

Oft haben wir das Gefühl, von einer unerwarteten Konfrontation herausgefordert zu werden. In diesem Kapitel werden einige Notfallwerkzeuge genannt, um damit umzugehen:

- Die Kraft der Atmung: Wenn jemand bei Ihnen eine Angstreaktion auslöst, atmen Sie zwei oder drei Mal langsam und lang, um die Alarmanlage Ihrer Amygdala auszuschalten und Zeit zu gewinnen, um ruhiger und klarer nachdenken zu können.
- Wenn Ihre Angstreaktion angesprungen ist, versuchen Sie, sich im Augenblick zu verankern: Bringen Sie sich durch Fühlen, Schmecken, Riechen, Hören, Sehen wieder ins Hier und Jetzt.
- Denken Sie an ALARM – Atmen, Loben, Akzeptieren, Respektieren –, wenn Sie sich in einem schwierigen Gespräch oder einer schwierigen Situation wiederfinden.

11. Kapitel:
Nett, aber selbstbestimmt

Die Hauptidee dieses Buchs ist, Hilfestellung zur Veränderung zu bieten, sodass Sie immer noch nett sein können, aber wenn *Sie* es wollen. Daher: nett, aber selbstbestimmt. Wie ich schon gesagt habe, ich kritisiere auf keinen Fall das nette Verhalten von jemandem. Es ist toll, wenn man nett sein kann, und viele, die darum kämpfen, eine Beziehung zu anderen aufzubauen, beneiden Sie darum. Ich möchte Ihnen nur helfen, Wahlmöglichkeiten zu erhalten, sodass auch andere als nette Verhaltensweisen zu Ihrer Verfügung stehen und, wenn Sie sich entscheiden, nett zu sein, es aus freiem Antrieb geschieht. Das wird Ihnen helfen, sich nicht mehr durch die Erwartungen anderer gefangen zu fühlen, mit anderen Worten: Es wird Sie vom Fluch des Nettseins erlösen und ihn zu einem Segen machen.

Aber wer bin ich jetzt?

Wenn Sie diese Verhaltensweisen seit vielen Jahren haben und ganz sicher, wenn sie aus unbewussten Regeln und Überzeugungen aus der Kindheit stammen, dann kann es extrem schwer sein, sie zu ändern. Nicht nur, dass Sie von anderen Abwehrreaktionen, wie im neunten Kapitel beschrieben, erfahren werden, es kann auch schwierig sein zu wissen, wer Sie sind, wenn Sie nicht in den eingefahrenen Nettmodus schalten.

Jessica, die nette Kollegin, erzählte mir, dass sie Schwierigkeiten habe, ihre – wie sie es nannte – »neue Persönlichkeit« zu finden: »Ich war eigentlich noch nie eine selbstbewusste Person«, sagte sie, »daher bin ich mir nicht sicher, wer sie ist. Mir ist klar, dass ich durch das neu gewonnene Selbstvertrauen eine neue Art zu sprechen angenommen habe, und dieses neue Ich klingt manchmal ein bisschen herablassend.« Eine andere Patientin sagte vor Kurzem zu mir: »Es war viel leichter, als ich einfach wie auf Autopilot allen zu gefallen versuchte. Jetzt bemühe ich mich, ehrlich und authentisch zu sein, und fühle mich nackt und entblößt. Es ist, als wüsste ich nicht genau, wie ich mich jetzt verhalten soll, ich fühle mich dadurch ein bisschen unsicher und verletzlich.«

Jessica wollte nicht wieder zu der – wie sie es formulierte – »immer entschuldigenden« Person werden, die sie vorher war, sie kam dann mit einer mutigen Lösung: Sie bat ein paar zuverlässige Kollegen um Feedback. »Ich habe ihnen gesagt: ›Könnt ihr mir bitte Bescheid sagen, wenn ich diese neue, überhebliche Stimme, die ich nicht mag, euch gegenüber benutze?‹ Und das hilft, da ich entweder ein freundliches Grinsen auf ihren Gesichtern sehe, wenn ich spreche, und dann stoppe und neu formuliere, oder ich merke es selbst und sage: ›Ich mache es schon wieder, nicht wahr?‹ Und das ist keine Katastrophe.«

Das gesunde falsche Selbst

Der Psychotherapeut D. W. Winnicott schrieb als Erster über das wahre und das falsche Selbst. Ihm zufolge verfügt jeder über eine äußere Schutzschicht, und er findet, dass wir ein *gesundes* falsches Selbst brauchen, das es uns ermöglicht, in der Öffentlichkeit höflich und freundlich zu sein. Erst wenn wir den Kontakt zu unserem inneren wahren Selbst verlieren, geraten wir in Schwierigkeiten (oder werden krank).

Als soziale Wesen können wir nicht die ganze Zeit über unser wahres Ich zeigen, wir müssen die Bedürfnisse anderer und die sozialen Umstände der jeweiligen Situation berücksichtigen. Wir würden vielleicht gern unserem Boss sagen, wohin er sich seinen Vorschlag stecken kann, uns bei einem stickigen Meeting die Kleider vom Leib reißen und nackt auf dem Tisch tanzen oder bei unserer Schwiegermutter motzen. All diese Möglichkeiten stehen uns offen, aber wenn wir die Konsequenzen richtig durchdenken, dann wählen wir für den Moment wohl eher das sozial akzeptable Verhalten (oder auch nicht).

Bei vielen Menschen ist es jedoch nicht so, dass da ein komplettes, wahres Selbst in den Kulissen darauf wartet, auf die Bühne zu treten. Es ist in Ordnung, das alte, gewohnte falsche Selbst zu behalten und sanft mit Teilen dessen, was wir als unser wahres Selbst wahrnehmen, zu experimentieren, bis wir ein vollständigeres Gefühl dafür bekommen, wer diese Person ist. Stellen Sie es sich so vor, als würden Sie neue Kostüme oder Kleider anprobieren, die Sie normalerweise nicht von der Stange nehmen würden, aber in der Sicherheit und Privatheit des eigenen Zuhauses vielleicht doch tragen.

Hier noch ein paar Ideen für Dinge, die Sie vielleicht in das Repertoire Ihres wahren Selbst einbauen möchten. Auf eine gewisse Weise sind sie wie die Sicherheitsnetze eines Seiltänzers – und der sind Sie, wenn Sie es wagen, etwas Neues auszuprobieren.

Mitfühlend, aber mit Grenzen

Die Psychologieprofessorin Rachel Tribe war die Erste, die mir gezeigt hat, dass man mitfühlend *mit* Grenzen sein kann. Sie leitete einen Kurs, als ich an der University of East London einen Master in Psychologischer Beratung machte. Sie schien sich ehrlich für die Sorgen und Nöte, den Stress und die Ängste zu interessieren, die ein Hauptbestandteil des studentischen Lebens sind. Sie war eine empathische Zuhörerin und bemühte sich sehr, kreative Lösungen oder Kompromisse für die Probleme ihrer Studenten vorzuschlagen.

Ein Tag ist mir besonders in Erinnerung geblieben. Es war eine Woche vor dem Abgabetermin einer Arbeit, und wie vorauszusehen war, bekam ein großer Teil des Kurses Panik, die Arbeit nicht pünktlich beenden zu können. Als an diesem Morgen nach der Stunde Fragen gestellt werden durften, begannen mehrere Studenten, um eine Verlängerung der Abgabefrist zu betteln. Sie waren krank gewesen oder umgezogen, ihre Eltern oder Kinder waren krank gewesen, sie hatten Probleme am Arbeitsplatz gehabt ... Professor Tribe hörte ihren unterschiedlichen Gründen aufmerksam zu, nickte mitfühlend und sagte dann höflich, aber bestimmt »Nein«. Wenn irgendwer einen echten Grund hätte, könne er das entsprechende Formular ausfüllen und es zusammen mit einem Beleg (wie einem ärztlichen Attest) im Büro abgeben. Ansonsten blieb der Abgabetermin bestehen.

Ich würde sagen, dass das auf jeden Fall ein elegantes Nein war. Es war außerdem ein sehr unbeliebtes Nein, und einige Kursteilnehmer waren wütend. Aber sie blieb standhaft, und ihr Gesichtsausdruck blieb ehrlich mitfühlend. Ich war so beeindruckt, dass ich das nie vergessen habe. Es eröffnete mir eine neue Möglichkeit, eine neue Art zu sein. Aber es geht über das reine Erlernen der Technik des eleganten Neins hinaus. Mitgefühl mit Grenzen steht für eine Art zu denken, für die Überzeugung, dass »ich das Recht habe, Grenzen zu setzen« oder »selbst wenn den Leuten meine Entscheidung nicht gefällt, bin ich immer noch ein wertvoller und liebenswerter Mensch«.

Viele Nette haben Probleme damit, Grenzen zu setzen, und haben meist wenig Erfahrung damit oder Übung darin. Es ist eine ausgelutschte Phrase, doch eine, die schwer zu erklären ist, bis man es selbst erfährt. Manche Patienten fanden es hilfreich, sich eine echte Grenze zwischen sich und den anderen vorzustellen, um das Gefühl, dass die Emotionen des anderen in sie eindringen, zu stoppen; genau das, was es schwierig macht, nicht zu viel Empathie zu zeigen, und dazu führt, Ja zu sagen, wenn wir eigentlich Nein sagen möchten. Oft ist das etwas wie ein schützender Kreis aus Licht um uns (suchen Sie sich eine Farbe aus) oder etwas Fassbareres (aber Transparentes) wie eine Plexiglaskugel. Eine Patientin stellte sich eine hohe Mauer rund um ihr Traumcottage vor, mit hohen Eisengittern und einer Gegensprechanlage. Wenn dann ihr manipulativer Ex oder ihre aufdringliche Schwiegermutter klingelte, entschied sie, ob sie ihnen öffnen würde oder nicht. Das hat ihr Selbstwertgefühl und ihr Sicherheitsgefühl verändert.

Kleine Siege, nicht Teilversagen

Es ist wirklich wichtig, dass Sie auf dieser Reise zu Bewusstsein und Veränderung Mitgefühl mit sich selbst haben. Denken Sie daran, Sie versuchen Gewohnheiten und Verhaltensweisen zu verändern, die normalerweise von Kindheit an tief verwurzelt sind, das ist mindestens so schwer, wie das Nägelkauen, Haaredrehen oder Trostessen abzustellen.

Teilen Sie die Veränderung in winzige Schritte ein und achten Sie darauf, Ihre Fortschritte wahrzunehmen und sich dafür zu belohnen, auch wenn sie Ihren abwertenden, kritischen Stimmen zu klein vorkommen. Das hat Jessica über ihr Tempo der Veränderung gesagt:

> Etwas aus der Therapie, das mir geholfen hat, war, dass all diese Herausforderungen, die wir gemeinsam angegangen sind, komplexe Aufgaben waren. Sogar

das »Niemanden anlächeln, wenn ich es nicht möchte« war für mich eine große Herausforderung, aber eine, die ich meistern wollte. Da ich Perfektionistin bin, wollte ich eines Tages zur Arbeit gehen und in allen Situationen hundertprozentig selbstsicher sein, und ich wollte, dass die Kollegen das sofort akzeptieren. Sie haben mir dabei geholfen, mir darüber klar zu werden, dass man kleine Schritte braucht und ich sie als kleine Siege und nicht als Teilversagen werten sollte. Also selbst wenn ich »Ja, aber ...« anstatt klar »Nein« zu jemandem gesagt habe, dann war das immer noch eine gute Sache, und ich konnte freundlich zu mir sein und mir sagen, dass ich das gut gemacht habe und beim nächsten Mal daran arbeiten kann, es noch etwas besser zu machen.

Pennys Verabredung

Penny, die Schulleiterin, die drei Mal verheiratet war, vor allem weil sie die Männer, die sich in sie verliebten, nicht enttäuschen wollte (siehe Seite 245), schickte eine E-Mail, um mir zu erzählen, wie das Verhaltensexperiment, für das sie sich bei unserem Workshop entschieden hatte, gelaufen war. Vielleicht erinnern Sie sich, dass sie eine Verabredung mit einem Mann hatte, für den sie nicht viel empfand, und sie wollte versuchen, weniger begeistert und mehr »mitfühlend mit Grenzen« zu sein. »Es fiel mir wirklich schwer«, schrieb sie. »Er hatte einen Tisch in einem unglaublich beliebten und teuren Restaurant reserviert, das erhöhte den Druck sofort und die Schuldgefühle, ich müsse nett zu ihm sein und dürfe ihn nicht enttäuschen.«

Doch Penny hatte vor dem Treffen ihre Werkzeuge poliert (siehe siebtes Kapitel). Sie war sich ihrer Fähigkeit, gegenüber schwierigen Schülern und Angestellten »standhaft, aber freundlich« zu sein, sehr bewusst und wusste, dass sie diese Fähigkeiten auch anders nutzen konnte, wenn sie nur ihre verborgene, strikte persönliche Regel aus der Kindheit (von ihrer Mutter) infrage stellte: Eine Frau darf einen Mann in der Liebe nie enttäuschen. Bei dem teuren und üppigen Essen sah sie ihm in die Augen und war ehrlich, aber freundlich. »Du bist wirklich ein toller Mann«, sagte sie, »aber in meinem Leben geschieht im Moment so viel, da wäre es unaufrichtig, wenn ich alles noch weitergehen ließe.«

Penny schrieb mir: »Ich kann ehrlich sagen, dass es das erste Mal in meinem Leben war, dass ich das bewusst und absichtlich getan habe. Es fühlte sich wie ein echter Wendepunkt an. Er war aufgebracht, aber es wäre viel schlimmer geworden, hätte ich es weitergehen lassen.«

Mehr von den Netten, denen wir begegnet sind

Ich dachte, Sie möchten vielleicht wissen, was mit den anderen Netten passiert ist, denen Sie in diesem Buch begegnet sind.

Wie geht es Hamish?

Hamish hat hart daran gearbeitet, all seine Facetten zu akzeptieren und zu integrieren, auch die, die er als seine »böse, dunkle Seite« bezeichnete (siehe Seite 77). Als unsere Therapie endete, mochte Hamish diese Teile von sich selbst eigentlich nicht, aber ihm war bewusst geworden, dass sie ein Teil von ihm als vollständiger, authentischer Mensch sind und er nur dann intime, tiefe Beziehungen haben kann, wenn er diese Seiten auch anderen zeigt. Er hat große Fortschritte beim Schließen und Erhalten von aufrichtigen Freundschaften gemacht, und das liegt vor allem daran, dass er aufgehört hat, sich selbst auf die »akzeptablen«, netten Facetten seiner Persönlichkeit zu reduzieren, und begonnen, den Menschen einige der früher tabuisierten und verborgenen Seiten zu zeigen.

Hamish hat eine neue Stelle in einer anderen Region angenommen und daher die Therapie beendet. Er hatte das Gefühl, dass er sich in seinem neuen Job neu erfinden und so anfangen könne, wie er weitermachen wollte (seine Version von »bis Weihnachten nicht lächeln«, siehe Seite 177). Sein wundervolles Lächeln, seine charmanten Witze und seine Tendenz, zu viel zu helfen, rationierte er.

Er hatte angefangen, in Kontakt zur unterdrückten Wut in seinem Körper zu treten und den Adrenalinschub zu erkennen. Er wusste, dass das bedeutete, dass er einen schwierigen Gedanken ausblendete (so wie den Ärger über den Haferbreitopf), jetzt hatte er begonnen, ihn in Worte zu fassen, besonders gegenüber seiner Frau. Aber diese Veränderung führte zu einigen Konflikten zwischen ihnen. Ich weiß nicht, ob sie die gelöst haben und gemeinsam weitergegangen sind oder ob ihre Beziehung die neue Dynamik nicht aushalten konnte. Ich würde Sie anlügen, wenn ich behaupten würde, dass es immer zum Happy End kommt, aber ich hoffe, dass alles so gekommen ist, wie er es sich gewünscht hat.

Und an dieser Stelle noch ein Wort zur Vorsicht: Manchmal fühlt es sich nicht sicher an, in einer Beziehung selbstsicherer zu werden, wenn Ihre Rolle bisher passiv gewesen ist. Manchmal kann der Druck der Abwehrreaktionen (siehe Seite 242) gewalttätig werden. Falls das geschehen sollte, tun Sie, was immer zu Ihrer Sicherheit nötig ist: Holen Sie sich Hilfe, rufen Sie die Polizei, gehen Sie irgendwohin, wo es sicher ist. Eine

Paartherapie kann helfen, aber nur, wenn Sie vorher einen gegenseitigen Sicherheitspakt schließen.

Amanda – die nette Partnerin

Nachdem wir das Ärgerbarometer als Hilfsmittel entworfen hatten (siehe Seite 75), damit Amanda die direkten körperlichen Kosten beachten konnte, die ihre Tendenz, in ihrer Beziehung zu Simon zu viel zu geben, verursachte, veränderte sich die Dynamik der Dinge. Zuerst ging die Beziehung durch eine schwierige Phase, in der Simon distanzierter wurde und Amanda Panik bekam. Aber nachdem ich sie ermutigt hatte, sich wieder um vorschnell fallengelassene Freunde und Interessen zu kümmern, schien die Beziehung wieder ausgeglichener zu werden.

Harriet Lerner, Autorin von *Wohin mit meiner Wut?*, spricht davon, dass Menschen in intimen Beziehungen oft in die Gewohnheit verfallen, entweder der »Überfunktionierende« oder aber der »Unterfunktionierende« zu sein. Amanda hat in ihren frühen Tagen wie wahnsinnig »übergeleistet«, und sie hat teuer dafür bezahlt. Sie verbrachte nun mehr Zeit allein und genoss es richtig; sie konnte dabei ihre Akkus aufladen. Sie war nicht mehr so oft für nächtliche Telefonanrufe zu haben, aber wenn sie und Simon miteinander sprachen, dann überwand sie sich und erzählte ihm von ihren gesundheitlichen Sorgen und ihren Krisen bei der Arbeit und wie sie sich fühlte. Sie gab zu, dass es ihr wohl am schwersten fiel, über ihre Gefühle und Verletzlichkeit zu sprechen, aber sie kamen einander dadurch näher. »Unsere Beziehung wurde realer, je mehr ich mich traute, real zu sein.«

Indira und ALARM

Indira gab mir ein Jahr nach unserer gemeinsamen Arbeit folgende Rückmeldung:

Ich benutze die ALARM-Methode, die Sie mir beigebracht haben (siehe Seite 267), wirklich gern. Es war schwieriger, sie bei meiner Familie anzuwenden, da sie meinen Veränderungen weniger wohlwollend gegenüberstehen (oder vielleicht ich selbst?). Sie hat mir jedenfalls geholfen, die Dinge nicht immer so schwarzweiß zu sehen. Sie erinnert mich daran, nicht nur die Meinung anderer zu akzeptieren, sondern auch meine eigene, was mir wirklich schwerfällt. Wenn ich ALARM auf mich selbst anwende, kann ich nicht nur andere loben, sondern auch mich selbst!

Bei meiner Mutter habe ich sie verwendet, als sie mir in einer E-Mail nach einem Streit mit meiner Schwester gesagt hat, wie »falsch« ich doch läge. Anstatt mich elend und schuldig zu fühlen oder eine schnippische E-Mail zurückzuschicken, dachte ich einen Moment darüber nach, schimpfte bei einer Freundin darüber und akzeptierte dann, dass sie wahrscheinlich darunter litt, dass zwei ihrer Töchter nicht miteinander sprachen und sich beide bei ihr beschwerten, was furchtbar sein musste. Meine Antwort-Mail gestand ihr den Schmerz zu, ich sagte ihr, was ich von ihr brauchte und wie sie helfen könne, vermied es aber, auf Details über das Richtig und Falsch zwischen meiner Schwester und mir einzugehen. Es überraschte mich nicht, dass sie das ignorierte, aber es veränderte mein Denken über mich selbst und mein Recht, eine Meinung/ emotionale Reaktion zu haben, ohne mir oder dem anderen die Schuld zu geben!

Ich bin in der Kommunikation mit allen Familienmitgliedern selbstsicherer geworden und fähiger, mit ihnen umzugehen, wenn ich aufgebracht bin.

Rebeccas Geschichte

Ich habe diese Geschichte mit ins Buch genommen, weil sie zeigt, wie jemand eine Kombination der hier vorgestellten Ideen und Strategien einsetzt, um etwas, das hoch in seiner Angsthierarchie steht, anzugehen (siehe Seite 202).

Rebecca, die wir schon kurz getroffen haben, ist eine Inspiration für uns alle. Sie ist eine intelligente junge Frau, die in den Medien arbeitet, die tapfer Veränderungen an den drei Seiten des Dreiecks »Gedanken, Gefühle und Verhalten« (siehe Seite 35) bewirkt hat und mit Fortschritten belohnt wurde. Sie hat immer noch viele Probleme, die sie in ihrem Leben bearbeiten muss, aber sie beginnt, das auf eine andere Art zu tun.

Nachdem sie ihren Traumjob bekommen (und Hunderte Mitbewerber geschlagen) hatte, war sie begeistert, dass ihr Boss sich persönlich für sie engagierte und ihr half, sich einzugewöhnen, sie mit allem vertraut machte und sie ermutigte, sich weiterzuentwickeln. »Ich nehme an, ich hätte auf die Alarmsignale achten sollen, als er anfing, mir zu sagen, dass ich etwas Besonderes sei, und mir viel persönliche Aufmerksamkeit schenkte, wie mich zum Mittagessen einzuladen«, sagte Rebecca zu mir. Aber sie fühlte sich verständlicherweise geschmeichelt und dankbar, und das ungute Gefühl verdrängte sie. Und doch war sie aufgeregt und erleichtert, als sie auf eine neue Stelle befördert wurde, die nicht mehr seinem Teammanagement unterstand. Doch – große Überraschung – er wollte ihre »spezielle« Beziehung weiterführen und schickte ihr endlose E-Mails mit unpassenden Vorschlägen für Treffen nach Feierabend – Drinks und

Dinner. Das löste bei Rebecca massiven, stärker werdenden Stress und Angst aus und machte ihr Leben praktisch zur Hölle. »Aber ich hatte irgendwie das Gefühl, als hätte ich seine Zuneigung verursacht, als sei es irgendwie meine Schuld und als dürfe ich nicht böse zu ihm sein.« Rebecca hatte in der Therapie viel daran gearbeitet, ihr Selbstwertgefühl zu steigern. Sie sagte sich jeden Tag »Ich liebe dich«, führte ein »Drei gute Dinge täglich«-Tagebuch und hielt sich an »täglich eine Enttäuschung« (siehe jeweils Seite 149, 151 und 236). Aber ihr Exboss war jemand, vor dem sie zu viel Angst hatte, um ihn zu enttäuschen. Wir besprachen eine Version des eleganten Neins (siehe Seite 183) und erarbeiteten ein Rollenspiel, dessen Text sie übernehmen konnte. Nachdem ein kreatives Brainstorming ohne Vorurteile (siehe Seite 219) eine ganze Reihe von ihr offenstehenden Möglichkeiten gebracht hatte, wählte sie für den Anfang eine aus, die ihr in dem Moment am einfachsten und sichersten erschien: Sie verschob ihren Schreibtisch so, dass er sie nicht mehr sehen konnte (er hatte sie ständig angestarrt).

Dann kam sie eines Tages ganz fröhlich zu einer Sitzung. Selbstbewusst, frei, nicht mehr ängstlich. »Ich habe ihn getroffen!«, sagte sie mir. »Nach einer Reihe bettelnder E-Mails, mich mit ihm zu treffen, habe ich schließlich zugesagt, aber erst, als ich mich nach extremer Selbstfürsorge (sie liebte Cheryl Richardsons

Buch darüber) sehr stark fühlte.« »Wow«, sagte ich, »was ist dann passiert?« »Ich habe das meiste, worüber wir gesprochen haben, eingesetzt. Ich habe das elegante Nein angewandt und ihm für das Treffen gedankt, aber sehr ruhig und deutlich gesagt, dass es eine unpassende Beziehung sei zwischen einem älteren Manager und einer jungen Angestellten und dass sie enden müsse. Er erzählte mir weiter, dass ich etwas ganz Besonderes sei und ihm so etwas noch nie passiert sei, aber ich habe die Technik der kaputten Schallplatte eingesetzt und immer wieder denselben Satz gesagt. Nach zehn Minuten habe ich das Gespräch beendet und bin gegangen.« »Und jetzt?«, fragte ich. »Ich fühle mich wunderbar! Es hat mich wirklich glücklich gemacht, und ich fühle mich frei und stark. Was auch immer er empfindet, das ist sein Problem, aber ich weiß, dass ich das Richtige getan habe.«

Erstellen Sie Ihre eigene SOS-Karte

Das Leben ist unvorhersehbar, Kontrolle eigentlich nur eine Illusion (denken Sie an Naturkatastrophen), und schwierige und traurige Dinge geschehen oft dann, wenn wir sie am wenigsten erwarten. Und normalerweise kehren wir dann zu alten, unnützen Gewohnheiten im Denken, Fühlen und Verhalten zurück.

In der Therapie nennen wir das einen Rückfall, und gemeinsam können wir einen Plan erarbeiten, der Ihnen dabei helfen soll, das zu verarbeiten.

Ich habe eine Vorlage für eine einfach zu benutzende Notfallkarte entworfen. Ich habe sie rund um die Buchstaben SOS kreiert, das Notrufsignal im Morsecode, das im Krieg benutzt wurde und für *Save Our Souls* steht. Ziemlich passend, dachte ich, da ich aus meiner eigenen Erfahrung und der vieler Patienten weiß, dass sich während eines Rückfalls alles ziemlich düster und verzweifelt anfühlen kann.

Vorlage für eine SOS-Karte:

1. SPRECHEN: Die vertraute Person, die ich anrufen kann, ist …
2. OHNE KRITISCHE STIMMEN: Die beste Reaktion auf kritische Stimmen ist …
3. STÄRKEN UND BERUHIGEN: Meine Lieblingsaktivitäten, um mich zu stärken und zu beruhigen, sind …

Füllen Sie die Leerstellen mit Ihren eigenen Ideen, schreiben Sie alles auf ein kleines Stück Karton oder Papier und stecken Sie es irgendwohin, wo Sie schnell Zugriff darauf haben (wie den Geldbeutel oder das Tagebuch). Vielleicht fällt Ihnen sofort ein, was Sie eintragen können, vielleicht müssen Sie noch etwas darüber nachdenken. Notieren Sie neben dem ersten »S« ein oder zwei Menschen, die Sie unterstützen und denen Sie vertrauen, die Sie kontaktieren können (nicht müssen – nur solche Menschen, bei denen Sie das Gefühl haben, dass sie Ihre Verletzlichkeit teilen können, die nicht über Sie urteilen oder zu viele Ratschläge anbieten werden). Schreiben Sie dann neben das »O« Ihre beste Antwort auf Ihre kritischen Stimmen, wenn Sie sich stark und sicher fühlen. Und schreiben Sie schließlich neben das zweite »S« ein paar Aktivitäten, die Ihnen helfen, sich zu beruhigen und zu stärken, man nennt sie manchmal »gesunde Ablenkungen« – versuchen Sie also, keine ungesunden Dinge aufzuschreiben, die Ihnen ein schlechtes Gewissen machen könnten.

Wenn Sie sich dann ruhiger fühlen, können Sie über den nächsten Schritt nachdenken, nämlich das kreative Problemlösen. Normalerweise muss man sich jedoch ziemlich sicher fühlen, bevor man den problemlösenden Teil des Gehirns einsetzen kann.

Wie Monika ihre SOS-Karte nutzte

Monika, die wir im zweiten Kapitel getroffen haben, hatte ihr Leben lang mit der Kritik ihrer Eltern zu kämpfen. Ihre Mutter war absolut davon überzeugt, dass »Kritik Kinder motiviert«, und ist von dieser Position nie abgewichen, obwohl Unmengen von Forschungsergebnissen, die ihre Tochter ihr gezeigt hat, als sie mutig genug dafür war, das Gegenteil bewiesen.

Monika war gebeten worden, in einem örtlichen Radiosender über ein Gemeindeprojekt zu sprechen, für das sie sich engagierte. Sie hatte (wahrscheinlich war das unklug) ihren Eltern erzählt, wann sie interviewt würde. Traurig lächelnd erzählte sie mir rückblickend, dass das eigentlich ihren Alarm für den Erlösungsbogen (siehe Seite 144) hätte auslösen müssen, denn ihr wurde – zu spät – klar, dass sie wahrscheinlich unbewusst auf Lob und Anerkennung der beiden hoffte.

Am Abend nach der Sendung, die gut gelaufen war, rief ihr Vater sie wegen irgendeiner anderen Familiensache an. Am Ende des Telefonats sagte er beiläufig: »Ich fand, dass diese andere Frau das Interview dominiert hat, du hättest um deine Sendezeit kämpfen sollen.« Das war alles. Sonst nichts, kein anderer Kommentar. Monika sagte, sie fühlte sich völlig platt. Sie beendete das Telefonat so schnell wie möglich, goss sich ein großes Glas Wein ein und brach in Tränen aus. Erschöpft ließ sie sich auf das Sofa fallen und fühlte sich deprimiert und demotiviert.

Zum Glück erinnerte sie sich an ihre SOS-Karte. Sie

holte sie aus ihrem Geldbeutel und ging die einzelnen Schritte durch. Sie schrieb ihrer besten Freundin eine SMS, und sie verabredeten sich, um später miteinander zu sprechen. Das allein hatte sie schon beruhigt. Sie horchte auf ihre Gefühle, und ihr wurde bewusst, dass da noch ein Erlösungsbogen war, dessen Hoffnungsschimmer gelöscht worden war. Ihr inneres Kind fühlte sich abgelehnt und am Boden zerstört, als wolle es alles aufgeben. »Was soll das alles?«, fragten ihre kritischen Stimmen. »Du wirst sowieso nie bei irgendwas Erfolg haben.« Sie sah auf ihre Karte. Nummer 2: Die beste Antwort auf kritische Stimmen ist ... »Haut ab, ihr Geier. Ich bin schon deshalb erfolgreich, weil ich es überhaupt versuche.«

Auf ihre SOS-Karte zu sehen erinnerte sie auch daran, dass es nett wäre, ein paar der Dinge zu tun, die sie beruhigten und ihre Stimmung hoben. Sie ließ sich ein heißes, duftendes Schaumbad ein und legte ihre Lieblingsmusik auf. Später, als sie ihren weichsten Schlafanzug anzog, um früh ins Bett zu gehen, hatte sie einen gedanklichen Durchbruch: Sie beschloss, eine Antwort vorzubereiten, sollte ein Familienmitglied am nächsten Tag die Radiosendung kritisch erwähnen. Sie entschied, dass sie gern Folgendes sagen würde: »Hört mal, ich bin auch nur ein Mensch wie wir alle, und wenn ich im Radio interviewt werde, fühle ich mich verletzlich und nervös. Wenn ihr mich kritisiert, dann verletzt mich das, wie es jeden von euch verletzen würde.« Monika wusste nicht, ob sie tatsächlich die Chance bekommen würde, das zu sagen, oder ob sie, sollte sie die Chance bekommen, dazu fähig wäre, aber es war klärend und beruhigend, einen Text zu haben. Sie fühlte sich erwachsener und stärker.

Ich kann mir denken, dass Sie wissen wollen, was mit ihr passierte. Nun, sie ging am nächsten Tag zum Familienessen, und niemand erwähnte die Radiosendung. Ein Teil von ihr war erleichtert und ein Teil enttäuscht. Doch nachdem sie am Abend vorher ihre SOS-Karte benutzt hatte, schien es nicht mehr so wichtig zu sein. Ihr wurde klar, dass die Kritik ihres Vaters wahrscheinlich mehr über seine Ängste und Schwächen aussagte und sie ihm etwas Mitgefühl gönnen könnte.

Viele andere Patienten haben auch SOS-Karten genutzt, sie haben ihre ausgedruckt und sie an markante, aber private Stellen gelegt. Samantha hatte ihre in unterschiedlichen Größen ausgedruckt und laminiert. Sie hatte eine an den Spiegel in ihrem Schlafzimmer gehängt, eine an den Kühlschrank, und eine steckte sie in ihren Geldbeutel. Ella hatte ihre als Datei im Computer und auf ihrem Smartphone. Susie hatte Kopien an ihre zwei besten Freundinnen geschickt, mit denen sie abgesprochen hatte, ein bestimmtes Kodewort zu simsen, wenn sie sich schlecht fühlte, da sie wusste,

dass sie in solchen Situationen dazu neigte, sich zurückzuziehen und zu isolieren (wie als Kind, da ist sie
bei Konflikten in ihr Zimmer gegangen).

Was mir der gebrochene Arm gebracht hat: Weniger, aber besser

Da ich das Thema mit meinem eigenen Beispiel begonnen habe, fragen mich Mitglieder meiner Workshops
oft: »Was ist nach dem gebrochenen Arm passiert?
Sind Sie jetzt geheilt? Haben Sie den Fluch gebrochen?« Nun, ja und nein, sage ich ihnen. Wie für uns
alle ist das Leben eine Baustelle.

Ich fühle mich gegenüber den meisten Menschen
nicht länger in einer Verhaltensweise gefangen. Die,
die in meiner Geschichte am weitesten zurückreichen,
empfinde ich als am herausforderndsten, und ich rut-
sche immer noch, fast unbewusst, in meine »Little
Miss Sunshine«-Routine. Aber bei den meisten anderen Menschen und Situationen bin ich mir meiner Optionen viel bewusster und auch der Tatsache, dass ich
mich für eine Verhaltensweise entscheiden kann. Wie
der Titel dieses Kapitels andeutet, kann ich *bestimmen,* wann ich freundlich bin, hilfsbereit, mitfühlend,
unterhaltsam, lebhaft oder welche nette Verhaltensweise ich auch immer zeigen möchte, aber ich kann

mich auch für andere Verhaltensweisen entscheiden, ohne das Gefühl zu haben, ein schlechter Mensch zu sein, den niemand mag und den alle ablehnen. Natürlich *werden* mich manche Leute nicht mögen und ablehnen, aber ich habe das Gefühl, dass das inzwischen zu ertragen und nur realistisch ist und außerdem ein kleiner Preis dafür, mich um mich selbst und meine Bedürfnisse zu kümmern.

Ich habe seit dem gebrochenen Arm andere gesundheitliche Probleme gehabt, die auch etwas Positives bewirkten. Sie haben mich dazu gezwungen, genauer auf meinen Körper zu hören und ihm, in vernünftigen Grenzen, das zu geben, was er braucht. Wenn ich müde bin, dann habe ich das Gefühl, dass ich mir erlauben darf, Dinge abzusagen und mich auszuruhen. Ein Ergebnis dessen ist, dass ich jetzt viel mehr Zeit im Bett verbringe!

Wie Sie vielleicht schon bemerkt haben, liebe ich kleine Sprüche, je kürzer, umso besser, die mir (und meinen Patienten) helfen, sich daran zu erinnern, wie man leben und welche Entscheidungen man treffen möchte. Wie für viele andere, die ich im Buch erwähnt habe, ist mein Mantra seit dem Aha-Erlebnis mit dem gebrochenen Arm »weniger, aber besser«. Ich wende das auf alle möglichen Entrümpelungen in meinem Leben an, vom Hinauswerfen von Zeug, das entweder nicht mehr nützlich ist, nicht mehr passt oder

nicht mehr gefällt, bis zum Beschneiden meines gesellschaftlichen Lebens, wie Liz (siehe Seite 83). Ich
bemühe mich jetzt, Zeit für die Leute zu haben, mit
denen ich mich stark verbunden fühle, bei denen ich
mich sicher genug fühle, um meine Verletzlichkeit zu
zeigen und ich selbst zu sein, und die ich um Hilfe
bitten kann.

Das ist das Gegenteil des »500 Freunde auf Facebook«-Syndroms, wegen dem sich viele meiner Patienten schämen, weil sie nur eine kleine Handvoll enger,
vertrauenswürdiger Freunde haben. Unmengen von
virtuellen Freunden zu haben ist zu einem aktuellen
Muss geworden, durch das wir uns wie Versager fühlen können, wenn wir dem nicht entsprechen.

Was Sterbende bereuen

Letzten Monat sprach ich auf der Feier des 50. Geburtstags eines Freundes mit einem Mann über den
Fluch des Nettseins. »Oh, Sie sollten das Buch einer
Hospizkrankenschwester lesen«, sagte er. »Es geht darin um die Dinge, die sterbende Menschen am meisten
bereuen, und ein Teil davon klingt wie Ihr Buch. Ich
glaube, dass sie bereuten, sich selbst nicht treu gewesen zu sein oder so etwas.« Ich kaufte das Buch *Fünf
Dinge, die Sterbende am meisten bereuen* von Bron-

nie Ware, und tatsächlich war ihrer Erfahrung nach die Nummer eins: Ich wünschte, ich hätte den Mut gehabt, ein Leben zu führen, bei dem ich mir treu geblieben wäre, anstatt das Leben, das andere von mir erwartet haben. Und auf Nummer drei: Ich wünschte, ich hätte den Mut gehabt, meine Gefühle auszudrücken und sie nicht zu unterdrücken, um den Frieden mit anderen nicht zu gefährden. (Falls Sie neugierig sind, Nummer zwei lautete: Ich wünschte, ich hätte weniger Zeit im Büro und mehr mit meinen Lieben verbracht.)

Wie andere Worte der Weisheit von Todkranken können uns diese helfen, unser Leben *jetzt* anders und hoffentlich besser zu leben. Wenn eines unserer Ziele im Leben ist, nichts zu bereuen, dann ist es hilfreich, darauf zu hören, was am häufigsten bereut wird. Es ist nicht »Ich wünschte, ich wäre zur Abschiedsfeier der Vertretungssekretärin gegangen« oder auch »Ich wünschte, ich hätte die Welt umsegelt/hätte einen Bungee-Sprung vom Grand Canyon gemacht«, es scheint vor allem darum zu gehen, den Mut zu haben, derjenige zu sein, der man wirklich ist, und die Menschen wissen zu lassen, was wir wirklich denken (in vernünftigen Grenzen), besonders die, die wir lieben.

Zeichnen Sie Ihr Bild neu

Erinnern Sie sich an die Übung aus dem dritten Kapitel?

Sie sollten rund um den Kopf der netten Figur die Eigenschaften schreiben, die Sie gern der Welt zeigen möchten. Unten drunter, in dem dreieckigen Kleid, standen die Teile von Ihnen, die Sie gern vor der Welt verbergen würden.

Jetzt werden wir Ihren Weg, den Fluch des Nettseins zu brechen, in eine neue Zeichnung packen. So wären Sie gern. Sie können das nicht über Nacht erreichen, wie die meisten Wege, die sich lohnen, ist dieser langsam und voller Ablenkungen, unerwarteter Schlaglöcher, Umleitungen und Umwege. Aber nach und nach werden Sie sich nicht mehr verflucht fühlen, sondern gesegnet, weil Sie die Fähigkeiten und Eigenschaften besitzen, nett zu sein, aber nicht nur zu anderen, sondern auch zu sich selbst.

So habe ich mein eigenes Bild neu gezeichnet: In den Linien um den Kopf steht: energiegeladen, ehrlich, lustig, ernsthaft, mitfühlend, geradlinig, klare Grenzen (aber alles, wenn ich es möchte, ohne den Zwang, sich so oder so zu verhalten), im Kleid (nicht mehr brodelnd, sondern sorgfältig weggepackt) steht: Verletzlichkeit und Ängste – die achtsam nur mit »sicheren« Menschen geteilt werden.

In einer idealen Welt wäre vielleicht nichts beschämend, verborgen oder unterdrückt, und wir wären alle ganz menschlich und authentisch. Aber solange wir in dieser Welt leben, zu dieser Zeit, ist dieses neue Bild das realistische Ich, das ich anstrebe: eine Kombination meines wahren Ichs mit einem bisschen von Winnicotts »gesundem falschem Ich« (siehe Seite 277) zur Sicherheit. Wenn ich es schaffe, etwas anders zu tun, wie zu einer schwierigen Person Nein zu sagen, dann versuche ich, mich zu loben und mich vielleicht sogar ein bisschen zu belohnen.

Sie werden es auch schaffen, etwas anders zu machen, das weiß ich. Ich glaube fest an die erstaunliche Fähigkeit der Menschen, mutig zu experimentieren und alte Muster zu durchbrechen. Wenn man einmal damit anfängt, wird man sich durch die Erfolge stärker und mutiger fühlen. Sie werden entdecken, dass Sie mit einem sicheren, mitfühlenden Schritt nach dem anderen Ihre ganze Bandbreite wunderbarer Fähigkeiten, Eigenarten und Stärken entfalten können. Auch Sie können den Fluch des Nettseins brechen und all das sein, wozu Sie geboren wurden.

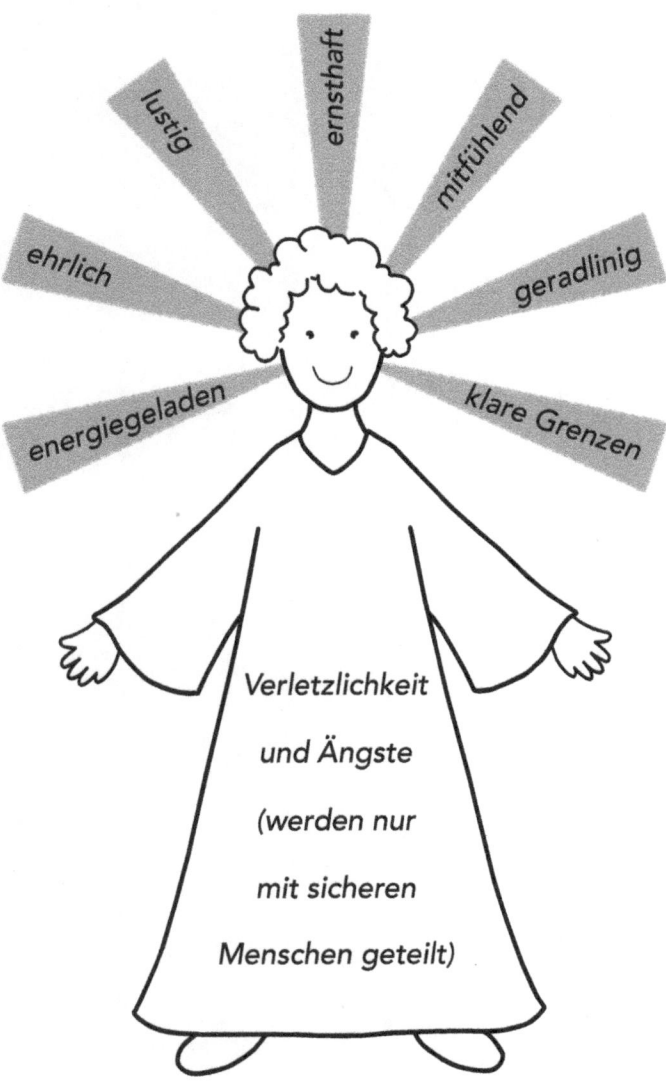

lustig

ernsthaft

mitfühlend

ehrlich

geradlinig

energiegeladen

klare Grenzen

Verletzlichkeit

und Ängste

(werden nur

mit sicheren

Menschen geteilt)

Dank

Ich möchte den folgenden Menschen danken:

Meiner talentierten Mum, die mich an Kreativität und harte Arbeit herangeführt hat, und meinem lebenslustigen Dad, wahrscheinlich der erste Fluch des Nettseins in meinem Leben.

Professor Rachel Tribe von der University of East London und meinen zwei wunderbaren Supervisoren, Dr. Lynne Jordan und Dr. Grace McClurg, die an mich als Therapeutin und als Mensch geglaubt haben. Vagelis Dimitrious und der gesamten Belegschaft und den Therapeuten in Neal's Yard Therapy Rooms, Covent Garden, weil sie meinen komplizierten Terminkalender durchschauen und meine Praxis unterstützen. Anna Sternberg, Lotta Kitchen und Alex Segal aus meiner Supervisionsgruppe und Val Sampson, Melanie Chweyden, Laura Bond und Pia Sinha, die mir unschätzbare Unterstützung, Ermutigung, Inspiration und Feedback gegeben haben. Claudia Strumpfl, Rachel Harrison, Jules Williamson, Jacs Palmer, Orianna Fielding, Leanne Darcy, Nathalie Salaun, Kate Eadie, Hilary Lewis, Lisa O'Kelly, Evelyn Gavshon,

Julie Kleeman, Sue Charkin, Laura Solomans, Sonia Scott, Caroline Lees und Helen Fletcher für ihre treue Freundschaft, Unterstützung und Ermutigung. Helen Purvis und allen bei Knight Ayton Management dafür, dass sie phantastische Agenten sind, und Mary Bekhait bei Limelight für die Vertragsverhandlungen. Jana Sommerlad, weil sie mir geholfen hat, an gutes Karma zu glauben, und meinen Lektorinnen bei Piatkus, Anne Lawrance und Jillian Stewart, weil sie mit ihrer ruhigen, vernünftigen, direkten Kommunikation für »Nett, aber selbstbestimmt« Modell gestanden haben. Auch an meine Korrektorin Anne Newman für ihre Geduld und Beharrlichkeit.

All den netten Damen im Delice Café in der Swiss Cottage Library, die mich mit Ofenkartoffeln, selbst gebackenem Kuchen und warmem Lächeln durch die langen Wintermonate des Schreibens gebracht haben. Und Steve, Mags, Lewis, Alex, Rachel, Helen, Tony, Louis und Felix, weil sie einfach sie selbst und nett sind …

Schließlich möchte ich meinen tollen Söhnen für ihren Humor und ihre Hilfe danken: Jess, weil er mich aus Technikfallen gerettet hat (»Nicht weinen, Mum, ich habe die Datei gefunden«), und Tom, weil er meine Ideen großzügig und begeistert geteilt hat. Schließlich meinem Ehemann Stewart für die Hausarbeit, seinen Lektorenblick und seine bedingungslose Liebe.

Literatur

1. Kapitel

Lerner, H., *Wohin mit meiner Wut? Neue Beziehungsmuster für Frauen,* Fischer Taschenbuch, 2011.

Beck, A. T., *Cognitive Therapy and the Emotional Disorders,* IUP, 1975.

2. Kapitel

Green, C., *Unser Kleinkind: Mit Liebe, Verständnis und Konsequenz durch die Jahre 1 bis 4,* Goldmann, 2012.

Bowlby, J., *Frühe Bindung und kindliche Entwicklung,* Reinhardt, 2010.

Winnicott, D. W., *Vom Spiel zur Kreativität,* Klett-Cotta, 2006.

Rogers, C., *Entwicklung der Persönlichkeit: Psychotherapie aus der Sicht eines Therapeuten,* Klett-Cotta, 2002.

3. Kapitel

Dickson, A., *Frau sein: Selbstfindung, Selbstvertrauen, Selbstbewusstsein,* Goldmann, 1985.

Faludi, S., *Backlash. Die Männer schlagen zurück,* Rowohlt, 1995.

Hendrix, H., *So viel Liebe, wie du brauchst: Der Wegbegleiter für eine erfüllte Beziehung,* Dörfles, 2009.

4. Kapitel

The Guardian, 7. Januar 2012.

5. Kapitel

Desert Island Discs, BBC Radio Four, 2. März 2012.

Beck, A. T., *Cognitive Therapy and the Emotional Disorders,* IUP, 1975.

Harris, R., *Wer dem Glück hinterherrennt, läuft daran vorbei: Ein Umdenkbuch,* Goldmann, 2013.

Dickson, A., *Frau sein: Selbstfindung, Selbstvertrauen, Selbstbewusstsein,* Goldmann, 1985.

6. Kapitel

The Guardian, 3. Februar 2012.

Richardson, C., *The Art of Extreme Self-Care*, Hay House, 2009.

Cameron, J., *Der Weg des Künstlers: Ein spiritueller Pfad zur Aktivierung unserer Kreativität*, Knaur, 2009.

7. Kapitel

Kelly, G. A., *Die Psychologie der persönlichen Konstrukte*, Junfermann, 1986.

Mehrabian, A., *Silent Messages: Implicit Communication of Emotions and Attitudes*, Wadsworth, 1971.

Dickson, A., *Difficult Conversations*, Piatkus, 2004.

9. Kapitel

Lerner, H., *Wohin mit meiner Wut? Neue Beziehungsmuster für Frauen*, Fischer Taschenbuch, 2011.

10. Kapitel

Sampson, V., *Tantra: The Art of Mindblowing Sex*, Vermillion, 2002.

11. Kapitel

Winnicott, D. W., *Vom Spiel zur Kreativität*, Klett-Cotta, 2006.

Lerner, H., *Wohin mit meiner Wut? Neue Beziehungsmuster für Frauen*, Fischer Taschenbuch, 2011.

Ware, B., *Fünf Dinge, die Sterbende am meisten bereuen: Einsichten, die Ihr Leben verändern werden*, Arkana, 2013.

Weiterführende Literatur

Einige Bücher, die ich und meine Patienten nützlich fanden:

Erziehung

Faber, A. und Mazlish E., *So sag ich's meinem Kind: Wie Kinder Regeln fürs Leben lernen*, Oberstebrink, 2009.

Faber, A. und Mazlish E., *Siblings Without Rivalry*, Avon, 1987.

Stadlen, N., *What Mothers Do: Especially When It Looks Like Nothing*, Piatkus, 2005.

Green, C., *Unser Kleinkind: Mit Liebe, Verständnis und Konsequenz durch die Jahre 1 bis 4*, Goldmann, 2012.

Beziehungen

Hendrix, H., *So viel Liebe, wie du brauchst: Der Weg-begleiter für eine erfüllte Beziehung,* Dörfles, 2009.

Hendrix, H., *Ohne Wenn und Aber: Vom Single zur Liebe fürs Leben,* Dörfles, 2007.

Lerner, H., *Wohin mit meiner Wut? Neue Beziehungs-muster für Frauen,* Fischer Taschenbuch, 2011.

Lerner, H., *Magie der Worte: Vom gegeneinander Schweigen zum miteinander Reden,* Krüger, 2002.

Perel, E., *Wild life: Die Rückkehr der Erotik in die Liebe,* Piper, 2008.

Sampson, V., *Tantra: The Art of Mindblowing Sex,* Vermillion, 2002.

Selbsthilfe und zum Nachdenken Anregendes

Brown, B., *I Thought It Was Just Me (But It Isn't): Telling the Truth About Perfectionism, Inadequacy and Power,* Gotham Books, 2007.

Cameron, J., *Der Weg des Künstlers: Ein spiritueller Pfad zur Aktivierung unserer Kreativität,* Knaur, 2009.

Chaplin, J., *Deep Equality: Living in the Flow of Equalizing Rhythms,* O Books, 2008.

Harris, R., *Wer dem Glück hinterherrennt, läuft daran vorbei: Ein Umdenkbuch,* Goldmann, 2013.

Richardson, C., *The Art of Extreme Self-Care,* Hay House, 2009.

Ware, B., *Fünf Dinge, die Sterbende am meisten bereuen: Einsichten, die Ihr Leben verändern werden,* Arkana, 2013.

Selbstsicherheit

Dickson, A., *Frau sein: Selbstfindung, Selbstvertrauen, Selbstbewusstsein,* Goldmann, 1985.

Dickson, A., *Difficult Conversations,* Piatkus, 2004.

Register

Um die ganze Welt des
GOLDMANN Verlages
kennenzulernen, besuchen Sie uns doch
im Internet unter:

www.goldmann-verlag.de

Dort können Sie
nach weiteren interessanten Büchern *stöbern*,
Näheres über unsere *Autoren* erfahren,
in *Leseproben* blättern, alle *Termine* zu Lesungen und
Events finden und den *Newsletter* mit interessanten
Neuigkeiten, Gewinnspielen etc. abonnieren.

Ein *Gesamtverzeichnis* aller Goldmann Bücher finden
Sie dort ebenfalls.

Sehen Sie sich auch unsere *Videos* auf YouTube an und
werden Sie ein *Facebook*-Fan des Goldmann Verlags!

www.goldmann-verlag.de
www.facebook.com/goldmannverlag